사람답게 사는 법

사람답게 사는 법
MZ세대를 위한 제언: 우선 먼저 올가미에서 탈출하라!!!

초판 1쇄 발행 2025년 6월 13일

지은이 이원일
펴낸이 장길수
펴낸곳 지식과감성#
출판등록 제2012-000081호

교정 정은솔
디자인 오정은
편집 오정은
검수 김지원, 이현
마케팅 김윤길

주소 서울시 금천구 벚꽃로298 대륭포스트타워6차 1212호
전화 070-4651-3730~4
팩스 070-4325-7006
이메일 ksbookup@naver.com
홈페이지 www.knsbookup.com

ISBN 979-11-392-2656-0(03330)
값 16,700원

• 이 책의 판권은 지은이에게 있습니다.
• 이 책 내용의 전부 또는 일부를 재사용하려면 반드시 지은이의 서면 동의를 받아야 합니다.
• 잘못된 책은 구입하신 곳에서 바꾸어 드립니다.

지식과감성#
홈페이지 바로가기

사람답게 사는 법

이원일 지음

MZ세대를 위한 제언 : 우선 먼저 올가미에서 탈출하라!!!

'삶'

삶에 대한 기준을 바꿔야 한다.
'경쟁'이란 탈을 쓴 '전쟁'에서 승리하여
부자가 돼야 한다는 강박에서 벗어나야 한다.

인용

홍세화 최재천 박홍규 강준만 신영복 이건희 우석훈 김규항
노무현 문재인 윤석열 이재명 이명박 조 국 노회찬 권영길
김진주 장하준 김용철 김상봉 김이수 권수현 최병천 박형준
조영태 김종인 윤석철 김수행 세이노 외

론다 번 개드 사드 마이크 샌델 크리스 앤더슨 스티브 잡스
마누 시 조로 모디 토마스 프레이 유발 하라리 스티븐 코비
조지 엘리엇 로버트 퍼트넘 폴 발레리 애드류 그린 애덤 스미스
제레드 다이어먼드 로버트 프랭크 로버트 기요사키
데이빗 소로우 제임스 로빈슨 외

등장 동물

개 돼지 용 독수리 양 닭 나그네쥐 사향쥐

어느 날 '준'이 23층 자기 집에서 뛰어내렸다.
그런데 내가 이 소식을 들은 것은 그가 투신한 지 1년이 지난 후였다.

자살 전, 준의 얼굴에 나타난 죽음의 흔적들은 그가 죽음을 결심하기까지 얼마나 고민을 했을까 알려 준다.

그 좁은 아파트 창문을 어떻게 열었을까?
얼마나 떠나고 싶었으면 자기를 낳고 길러 준 엄마 앞에서 뛰어내릴까?

왜 나에게 알려 주지 않아, 장례식에서라도 떠나는 그에게 속죄할 기회가 주어지지 않았을까?

생존 경쟁에서 낙오되고 더 심해진 피부병으로 강화도에서 유배 생활을 할 때, 준이 소식은 내게 청천벽력 같은 소리였다.

'준'의 죽음,

나에게는 부여잡고 있었던 동아줄과 같은 삶의 의미를 던져 버린 것이었다. 야속했다. 나는 이제 무슨 의미로 살아가지?

다 쓰러져 가는 강화도의 단칸방 신세를 면하고 돈을 벌어 준이는 물론, 같이 일했던 직원 급여를 갚는 것이 남은 내 인생 숙제였다.

준의 죽음은 내 삶의 의미까지 죽여 버렸다.
죽음의 의미는 무엇일까? 나 같은 낙오자는 빨리 따라오라는 뜻일까?

나도 준이를 따라가야 하나? 10분 거리인 바닷가로 향했다. 하지만 삶을 청산할 용기가 나지 않았다.

한참을 멍하니 있다가, 내 삶의 청산 가치와 존속 가치를 계산해 보았다.

존속 가치가 청산 가치보다 조금 커 보였다.
청산하는 것보다 사회적 약자를 위한 일을 하기로 마음을 고쳐먹었다.

준아!

삼촌도 이제 얼마 안 남았다. 곧 만나자!
차별 없는 세상에서 편히 쉬고 있거라!

고립된 삶을 살다가 짧은 생을 자살로 마감한 여러 '준'들에게 이 책을 바친다.

목차

머리말 10

1장 최선을 다하지 마라
[최선] 죽음에 이르는 최선 15
[정의] 최선의 정의 20
[긍정적 사고] 최선과 사촌지간인 긍정적 사고의 실체 25
[2 대 8] 최선을 다해도 2 대 8 함정에서 벗어날 수 없다 30
[가길러] 가늘고 길게, 가길러의 삶 34
[마감] 생을 마감할 때 '최선을 다하지 않았다'라고 후회한 사람은 없었다 39

2장 뛰어내리지 말고 최적 경로를 찾아라
[자살] 뛰어내리지 마라, 그럼 지는 거다 44
[직업] 직장보다 직업을 찾아라! 49
[도시] 나쁜 기운이 감싸고 있는 도시를 벗어나라 55
[독서] 운을 좋게도, 나쁘게도 하는 독서 62
[정치] 대통령의 독서, 정치인의 독서 66
[인맥] 이렇게 사는 사람도 있다 71

3장 오른쪽 날개로만 나는 것은 모두 추락한다
[돈평등] 돈평등의 나라에서 살림살이 나아졌습니까? 81
[3, 4, 5류] 삼성은 3류, 공교육, 서울대, 조중동은 4류, 정치인은 5류다 86
[판갈이] 거대 양당 카르텔의 불판을 바꿔 줘야 한다 92
[대리전쟁] 진보와 보수 대리전쟁을 멈춰라 104
[MZ세대] MZ세대는 신세대인가 쉰 세대인가? 109
[불평등] 불평등은 성장을 먹고 자란다 115
[추락] 오른쪽 날개로만 나는 것은 모두 추락한다 120

4장 토마 피케티의 사회주의 재활용

[좀비 출현] 사회적 자본이 사라지자, 좀비들이 대거 출현했다. 126
[가족] 공동체는 물론, 가족도 해체됐다 135
[재활용] 토마 피케티의 사회주의 재활용 138
[사회적 경제] 사회적 경제(Social economy)란? 143
[혼삶] 혼자 잘 살면 무슨 재민 겨? 149
[우상] 미국 우상화가 심각하다 155
[자본주의] 자본주의 모범 사례도 있다 161

5장 시련은 내공 근육을 키워 준다!

[내공 쌓기 1단계] 용 잡는다고 용쓰지 말고 수포자가 돼라 169
[내공 쌓기 2단계] 대학은 쓸데도 없는
　　　　　　　　　마이너스 3,000만 원짜리 졸업장을 주는 곳이다! 176
[내공 쌓기 3단계] 지금까지의 성공은 깨끗이 잊어라! 184
[내공 쌓기 4단계] 다단계는 부비트랩이다 188
[내공 쌓기 5단계] 내공은 때로는 악의 얼굴로 찾아온다 191
[내공 쌓기 6단계] 교회에 다니지 마라! 195
[내공 쌓기 7단계] 내공 쌓기의 최고 단계는 경청이다 199

맺음말 206

부록:《세이노의 가르침》이 정답은 아니다. 208

머리말

지난 세월의 흔적, 우연의 점을 모아 선을 만들고 우연의 선을 연결하니 면이 되었다. 우연으로 연결된 면의 완성체는 바로 운명이다. 이렇게 선을 연결하면서 글을 쓰다 보니 이 모든 일들이 나에게 정해진 운명이란 생각이 들었다. 이 과정에서 사주팔자, 대운, 세운이라는 것이 작용할 수 있다는 것도 알았다.

많은 굴곡으로 각각 흩어져 있던 내 운이 하나의 퍼즐로 맞추어지는 계기가 된 것은 이 책을 쓰면서다. '준'의 자살 동기와 배경을 알아보는 과정에서 내 인생 여정을 되돌아보자, 미래세대를 둘러싸고 있는 암울한 환경과 마주쳤다.

우리가 발을 딛고 서 있는 공간과 시간은 그저 속절없이 지나가지만 경험은 배우기 쉽지 않은 내용(콘텐츠)이다. 그것을 제대로 깨닫는 것도 쉽지 않다. 이 경험을 쉽게 전달하기 위해 남의 지식을 빌려 오기도 했다. 내가 겪은 시행착오를, 미래세대는 겪지 않아야 한다.

이 책은 1%의 성공을 위한 책은 아니다. 이 책은 미래에 19가지의 일을 하게 되는 미래세대를 위한 책이다. 100세 시대에는 은퇴세대인 5060세대도 미래세대이다. 가늘고 길게 살 사람, 가길러가 넘어져도 다시 일어나 달리는 생존 지침서이다. 성공을 위한 원칙이 아니라, 실패하지 않을 원칙에 관한 이야기다.

1%의 성공자가 되기 위한 책은 서점에서 얼마든지 만날 수 있다. 이 책은 치열한 경쟁자를 물리치고 자기 능력 120%를 발휘하여 최선을 다해야 한다고 열변을 토하는 성공을 위한 지침, 자기계발서가 아니다. 1%의 성공을 위한 책을 읽는다고 성공하는 것은 아니듯이, 이 책을 읽고 잘 소화한 독자가 1% 성공자에 들어간다고 해도 말릴 수 없다.

우리는 일상 시간 중, 사색, 독서, 건강에 20% 시간을 투자해야 한다. 20%의 축적된 에너지는 결정적인 순간에 120% 초능력을 발휘할 순간을 위해서 비축해야 한다. 세상에 공짜는 없다. 살다 보면 최선을 다해야 할 때가 있는 것은 분명하다. 하지만 노력해도 안 되는 일이 있다. 이럴 때 무리하면 몸이 상한다. 가늘고 길게, 가길러의 삶을 살기 위해서는 잠깐 쉬었다가 가는 여유를 가져야 한다.

천국의 문 앞에서 유혹을 떨쳐 버린 내게 제2의 전성기가 시작됐다. 작가가 되는 영광까지 얻었다. 포기하지 않고 부단하게 내공을 쌓아 온 덕분이다. 건강을 지키며 노력한 자에게 행운의 신은 코뿔소의 뿔처럼 따라온다. 그러나 최선을 다해서 몸이 만신창이가 된 코뿔소는 행운의 신이 외면한다.

지나간 일들은 어제의 꿈일 뿐
우리 어제는 잊어버리자

저 멀리 무지개를 봐
우리에겐 내일이 있을 뿐
저 머얼리서 다가오는 건

그건 희망이야 함께하는
너와 나는 함께하는 거
우린 남이 아니라는 거

(무명시인 운교)

1장
최선을 다하지 마라

노력은 하되 최선을 다하지 말아야 한다.

죽음에 이르는 최선

사실 '최선을 다하지 마라'라는 제목의 이 글은 젊은 나이에 생을 마감한 어머니와 매형, 아니, 부친 때문에 쓰게 되었다. '최선을 다하지 마라'는 엄니, 매형, 이 두 분과 '최선을 다하라'라고 강조했지만 가족에게 모멸감과 실망만 안겨 주고 돌아가신 부친의 실패에서 비롯됐다.

모친은 평생 실패를 거듭해 온 부친 때문에 생긴 심장병으로 50대 중반의 나이에 돌아가셨다. 이야기 시작은 나의 어린 시절로 거슬러 올라간다.

1960년대 우리 가족은 째지게 가난하던 서울 생활을 청산하고 부친 고향인 충주로 귀향했다. 귀향 후 10년이 지나 지옥문을 겨우 통과하여 숨을 돌릴 만할 때 모친은 유명을 달리하셨다. 형님과 누님이 결혼하면서 다른 도시로 나가 살게 돼서 이제 한숨 돌릴 무렵이었다. 평생 사업 실패를 거듭한 부친이 이번에는 땅에 돈을 묻었다가 실패한 것이 모친 사망을 앞당겼다.

고향으로 내려온 지 10년이 지날 때쯤 부친은 수안보 가는 길 옆에 있는 야산을 구입했다. 부친은 누구의 꼬임에 빠졌는지 그곳에 논을 만들기 시작했다. 그러나 공사비를 감당할 수 없어 빚만 잔뜩

떠안았다. 논을 만들기에 적당한 땅이 아니었는지 공사비가 엄청나게 들어간 것이었다. 그러니 모친 입장에서 그곳은 놀릴 수 없는 귀한 땅이었다. 고추와 각종 채소를 심어 반찬값이라도 아끼려고 몸을 혹사했다. 나는 며칠 동안 모친과 농사일을 같이 하면서 모친의 초인적인 농사일을 보게 되었다.

삼복더위에 고추밭을 매는 일은 힘들었다. 농사를 안 해 본 사람에겐 보통 일이 아니었다. 나는 폭염으로 10분이 멀다 하고 가쁜 숨을 몰아쉬고 휴식을 취했다. 모친은 조그마한 몸으로 쉬지 않고 일했다. 가을이 되자 수확한 고추를 밥상에 올렸다. 내 평생 고추 반찬을 그렇게 많이 먹기는 처음이었다. 고추로 만든, 그렇게 다양한 반찬이 있는지 몰랐다. 50대에도 비교적 깨끗한 피부를 간직하고 있던 엄니는 그해 여름, 얼굴에 기미가 생길 만큼 일을 많이 했다.

그렇지 않아도 부친의 거듭되는 사업 실패로 심장이 좋지 않았던 울 엄니는 건강이 급속히 악화됐다. '최선을 다하라'라는 얘기를 늘 옆에서 들었던 울 엄니는 50대 중반 나이에 불귀의 객이 되었다. 참 동물적인 삶이었다. 잉태하고 출산하고 키우고, 잉태하고 출산하고 키우고, 이런 일을 일곱 번이나 반복하고 돌아가셨다. 엄마의 최선은 농사일뿐만이 아니었다. 나를 위한 기도에도 최선을 다하셨다. 새벽 기도 가기 전 내 방에 들러 내 손을 꼭 잡고 나의 건강과 성공을 기도했다. 나는 자는 척하고 있었지만 짜증 날 때도 있었다. 7남매 중 제일 괴팍하고 성질 더러운 놈, 나의 미래가 걱정이 되었나 보다.

또 최선을 다한 일은 목사에게 공물을 바치는 일이었다. 새벽 기도하러 가기 전 생선 두 마리를 사서 한 마리를 목사 집에 전달했다. 자식들의 성공을 위해서는 새벽 기도만 해서는 안 되고 구세주처럼 보이는 목사에게 잘 보여야 한다고 생각하신 것 같았다. 하지만 나는 모친의 그런 기도와는 정반대의 길을 걸었다.

60까지 내 인생은 그야말로 엉망진창이었다. 강화도 유배 시절 한때 나쁜 생각을 하기도 했다. 되는 일이 없었다. 내 안의 다른 나, 이원이(202호)는 밤마다 내 귀에 속삭였다.
"저 자식, 이원일(201호)을 그냥 없애 버려!"
그러나 잔존 가치가 청산 가치보다는 조금 크다고 판단했다. 집세가 일 년이나 밀리고 쥐와 고양이가 제 집처럼 드나드는 단칸방에서 뭘 믿고 잔존 가치가 있다고 판단했는지 모르겠지만, 좌우간 살아 내었다.

울 엄니의 간절한 기도에도 불구하고 내 인생이 꼬인 이유는 무엇일까? 엄니 기도빨이 너무 약해 하늘까지 닿지 않았거나, 하느님의 무응답이다. 이렇게 자식을 위해 기도하는 사람들이 많아 울 엄니 순서는 내가 환갑이 훌쩍 지나서야 잡힌 것이다. 첫 번째 가설이다. 두 번째 가설은 교인들이 그렇게 철석같이 믿는 하나님은 존재하지 않는다는 것이다. 나는 후자에 더 많은 가능성을 두고 있다. 요즘 내 일이 이제야 자리를 잡아 가는 이유는 실패에 대한 내공이 쌓였고 노력과 운이 작용한 것이다.

이번에는 매형 차례였다. 모친이 돌아가신 후 2년 정도 지났을까, 매형은 초등생 딸과 6살 사내아이를 남겨 두고 39살에 아주 먼 길을 떠났다. 매형은 공무원으로 근무하면서 어렵사리 사무관 진급시험에 합격했으나, 사무관 의자에 앉아 보지도 못하고 무지개다리를 건넜다. 퇴근 후 밤잠을 아껴 가며 시험공부에 그야말로 최선을 다했다. 합격이라는 열매는 얻었으나 건강을 잃었다. 간이 안 좋은 상태에서 시험 합격을 위해 각성제를 복용하는 등 무리수를 둔 것이다. 차라리 평공무원으로 살아갔으면 40 전에 그렇게 단명하지는 않았을 것이다. 자신의 배에 복수가 산같이 차오르면서 더 이상 살 수 있는 가능성이 없다는 것을 알고 누이가 외출한 사이 지하실에서 연탄불을 피워 놓고 자살했다.

친구 윤태현은 학교를 휴학하고 공군에 입대했다. 그는 휴가를 얻어 단풍이 한창인 10월 친구들과 등산 갔다가 실족사로 변을 당했다. 그와 가장 친했던 내가 대표로 가묘 상태의 친구 주검을 마주했다. 남산 중턱 화장터에서 20살의 동갑 친구 윤태현은 한 줌의 재가 되었다.

매년 겨울이 되면 전교생이 겨울철 체력 단련을 위해 학교 옆의

남산에 올라 토끼몰이를 했다. 윤태현과 나는 산 중턱에 자리한 화장터를 쳐다보며 언젠가 우리도 이곳에 와야 한다고 했던, 바로 그 화장터에서 한 줌의 재가 되었다.

충주 근교에 위치한 월악산 정상 거대한 암석 봉우리는 보는 사람을 압도했다. 하지만 그 봉우리에서 정상까지 길이 확실하지 않아서 나도 헤매던 곳이었다. 길이 애매하면 그냥 하산했어야 했다. '최선을 다하지 말아야 했다.'
정상까지 가지 말고 하산했어야 했다. 그놈을 생각하면, 장남을 잃어 식음을 전폐하고 슬픔에 빠졌던 그의 엄니와 옆에 있던 올망졸망한 그의 동생들이 생각난다. 찾아뵈면 울음을 멈추지 않아서 더 이상 찾아뵙지 못했다. 그가 최선을 다하지 말고 그냥 내려왔으면, 그가 살아 있었다면 그의 가족은 물론 나도 지금보다 조금은 더 행복했을 거라 생각도 한다.

최선의 정의

과연, 최선을 다하면 인생이 행복해질까? 그런데 '최선'의 의미는? 학생은 자는 시간 빼고 18시간 공부하는 것이 최선일까? 집중하는 것보다 시간으로 때우는 것이 최선일까? 생존이 위협받던 가난했던 시대에는 최선을 다하는 것이 중요했다. 그러나 요즘 같은 불확실성 시대에는 최선보다 최악의 상황을 피하고 내게 맞는 최적화가 중요하다.

특히 최선을 다하면 안 되는 것은 아이들 교육이다. 2023년 여름을 뜨겁게 달구었던 초등 교사 자살 이면에는 아이들에 대한 학부모들의 지나친 '최선'이 있었다.

"왕의 DNA를 가진 아이이기 때문에 왕자에게 말하듯이 듣기 좋게 돌려서 말해도 다 알아듣습니다."

"하지 마, 안 돼, 그만!! 등 제지하는 말을 절대 하지 않습니다. 또래와 갈등이 생겼을 때 철저히 편 들어 주세요."

교육부 사무관이 자녀가 다니는 초등학교 교사에게 보낸 편지다. 이런 '최선'으로 자라게 된 아이들은 자기만 아는 이기주의자가 된다. 심하면 세상에 해를 끼치는 좀비가 된다. 이 아이의 학부모 역시 교사에게 갑질은 물론이고 세상에 도움이 되지 않는 사람으로 살게 된다. 기대한 것과 달리 그렇게 키운 자식은 부모 부양은 고사하고 자식이 늙어 죽을 때까지 부양해야 할 가능성이 크다. 이기적이고 자립심이 없는 아이는 사회 부적응으로 부모 집에서 고립될 가능성이 크다. 우리는 성인이 돼서도 고립된 사람의 칼부림 난동 사례들을 심심치 않게 목격할 수 있다.

나는 2년에 거의 100권 정도 되는 책을 본다. 미국과 유럽 저자들이 쓴 책에서는 '최선을 다하라'라는 내용을 본 기억이 거의 없다. 그들은 과정보다 결과를 중요하게 생각하기 때문이다. 직장인과 사업가들도 하루 12시간 일주일 중 6일 일하는 것을 최선이라고 말하는 것일까? 야근을 밥 먹듯이 하면서 일주일에 69시간 일하는 것이 최선일까?

"최근 약 2년간 삼성전자가 22건의 특별 연장근로 신청을 하는 동안, 신청을 한 건도 하지 않은 SK하이닉스가 삼성전자를 추월한 것을 두고도 '노동시간과 반도체 경쟁력은 크게 관련이 없다'는 말이 나온다. 반도체 업계의 위기보다는 '삼성전자의 경영 실패' 아니냐는 것이다.

... 삼성전자 반도체 연구원 출신인 박준영 산업인류학연구소장은 "어처구니 없는 이야기"라며 "능력 있는 인재는 나가고, 남아서 열심히 하려는 이들은 과로로 다치거나 태업

하게 될 것"이라고 했다. 창의성을 발휘하려면 노동시간을 늘리기보다는 제대로 된 업무조정과 효율적 시간 활용이 중요하다는 것이다."[1]

2023년 근로복지공단이 더불어민주당 김주영 의원실에 제출한 기타 업무 종사자의 업무상 질병 판정서 109건을 전수 분석했다. 업무상 질병 판정서는 업무상질병판정위원회가 사망한 노동자 중 산재로 인정한 경우에 관해 사망 원인과 업무 관련성을 분석해 놓은 기록이다. 지난해 109건의 업무상 질병 판정서를 전수 분석한 결과, 총 33명의 경비원이 심근경색, 급성 뇌출혈 등 뇌 심혈관계 질환으로 인해 과로사했다.

자신의 건강만큼은 최선을 다해야 한다. 새벽 6시부터 밤 11시까지 하루 17시간 운행하던 세종의 한 시내버스 기사가 3월 21일 운전 도중에 뇌출혈로 쓰러져 승객의 신고로 앰뷸런스에 실려 갔다. 인간은 하루에 10시간 이상 계속 일하면 죽는다. 인간의 유전자는 이런 과한 노동을 허락하지 않는다.

건강에 무리가 올 것 같으면 회사 지시를 거부하고 다른 일을 찾아봐야 한다. 호주에서 실시된 연구에 의하면 나쁜 직업이 실직보다 더 건강에 안 좋다고 한다. "이 일을 하다 죽을 것 같아."라는 말

---

1) 조해람, "TSMC 성공은 '고연봉 결사대'가 해낸 것…반도체 '52시간' 풀면 인재 떠나", 경향신문, 2025. 02. 09.

이 괜히 있는 게 아니다. 사람과의 관계가 부족하면 흡연 및 음주와 맞먹는 위험 요소가 있으며 심지어 미흡한 육체 활동이나 비만으로 야기되는 문제보다 더 위험하다

'최선을 다하라'라는 가훈을 내가 처음 들었을 때는 중학 시절이다. 부친으로부터 귀에 딱지가 앉도록 들었다. 하지만 부모는 자식의 이정표라 하지 않던가? 당신이 행동으로 보여 주면 '최선을 다하라'라는 말을 굳이 반복하여 강조할 필요 없다. 부친의 가훈 '최선을 다하라'는 우리 가족의 가난을 떨쳐 버리기에는 역부족이었다. 부친의 연이은 사업 실패는 최선을 다하지 않아서 실패한 것이 아니었다.

당신 판단이 아니고, 남들이 하는 말을 너무 잘 들었고, 너무 믿었다. 실제로 부친 귀는 다른 사람 귀보다 훨씬 크다. 사업은 다른 사람 말에 따르고 당신 생각은 없었다. 부친의 사업은 대부분 주변 사람들 생각과 판단으로 진행하는 것이었다. 남들이 얘기하는 것을 듣고 성공하는 사람도 있다. 그렇지만 남들이 얘기한 대로 실행한 부친의 사업은 결과가 신통치 않았다.

'최선을 다하는 것'만으로는 경제적인 최소 생활 유지가 불가능하다. 방향을 잘못 잡았는데 최선을 다한다는 것은 망하는 것을 재촉할 뿐이다. 울 엄마의 '명'을 재촉한 야산을 채권자에게 넘긴 부친은 과연 그것이 '최선을 다하라'라는 당신의 가훈에 따라 최선을

다한 것인지 모르지만 참 무의미하다.

부친은 이 땅에 최선을 다하지 말아야 했다. 적당히 가지고 있다가 적당한 시간에 팔았으면 그동안의 실패를 만회하고도 남을, 다시 오지 않을 재산 축적 기회였다. 부진했던 실적을 만회할 3만 평이었다. 재물 신을 영접할 좋은 기회였다. 하지만 결과는 3만 평의 저주였다. 아! 엄니가 돌아가셨다.

최선과 사촌지간인 긍정적 사고의 실체

긍정적인 생각과 부정적인 생각 중 어떤 생각으로 세상을 살아갈 것인가? 창업을 할 것인가? 취업을 할 것인가? 천천히 할 것과 빨리할 것은 어떤 것들이 있는가? 들어야 할 말과 듣지 말아야 할 말은? 정말 판단하기 어려운 일이다. 실패한 사람도, 성공한 사람도 항상 좋은 선택과 더 나은 선택, 최고의 선택 갈림길에서 고민했을 것이다. 경험이 뒷받침된, 자기 확신이 서지 않으면 긍정적인 사고를 해서는 안 된다.

긍정적인 자기 계발서는 서점 베스트셀러 단골 메뉴이다. 서점에서도 목이 좋은 곳에 위치한다. 잘 보이지도 않는 가장자리에 진열되어 있는 책의 부러움의 대상이다. 신자유주의 무한 경쟁 체제에서 긍정적인 사고를 유도하는 자기 계발서는 경쟁에서 이기기 위해 타인의 희생을 강요하는 수단이 된다. 자기 계발서를 읽거나 강의를 듣고 자기 계발이 생각대로 잘 안될 경우, 자기 탓으로 돌리고 괴로워한다. 나도 긍정적인 사고를 강조하는 자기 계발서를 많이 읽었지만 성공은커녕, 최하위 1%의 나락으로 떨어졌다. 특히 꼼꼼한 사업 계획 없이 자기 계발서나 강의를 듣고 영감을 얻어 창업을 했을 경우 실패할 확률이 크다.

2007년 7월 출판된 이후 꾸준히 베스트셀러를 기록한 론다 번의 베스트셀러《시크릿》을 살펴보자.

"기본적으로 의식적이든 무의식적이든 긍정적인 에너지를 보내면 온 우주가 나서서 소원을 들어준다는 것이다. 이런 신사상 운동의 권위자를 자처하는 사람들은 이 과정이 정통 양자물리학의 원리를 바탕으로 한다고 주장함으로써 과학적 근거가 있는 '개념'으로 위장한다. 지금은 고인이 된 노벨물리학상 수상자 파인만은 "나는 아무도 양자역학을 이해하지 못한다고 자신 있게 말할 수 있다"라는 명언을 남겼다. 이처럼 20세기 과학계의 거장 중 한 사람도 양자물리학은 매우 복잡해서 지식수준이 높은 사람도 어려워한다고 하는 데, 어찌 된 일인지 뉴에이지의 권위자들은 우리의 소원을 들어주는 양자물리학의 능력을 이해한다고 한다."[2]

새로 개발된 신약은 식약처가 정한 매우 엄격한 절차를 거친 후 출시된다. 소비자는 새로 출시되는 약이 약속하는 효능을 확신할 수 있어야 하며 부작용에 대해서도 미리 고지되어야 한다. 하지만 대다수 자기 계발 관련 서적은 시중에서 살 수 있는 약보다 사람의 삶에 실질적으로 심각한 부작용을 일으킬 수 있음에도 아무런 감독이나 제재를 받지 않는다. 이런 일이 지속되는 것은 자기 계발 권위자들이 두려움과 불안을 달래는 데 필요한 비밀을 알고 있다는

---

[2] 론다 번,《시크릿》, 살림Biz, 2007.

소비자의 자기 계발 권위자에 대한 믿음 때문이다.

긍정적인 생각으로 목표를 달성하도록 유도하는 다단계나 보험사에서 '긍정적인 생각을 가져라'라고 부추긴다. 내가 독서를 권하는 이유는 독서를 통한 논리의 축적이 쏟아지는 정보 홍수 속에서도 세뇌를 당하지 않고 제대로 된 판단을 할 수 있게 도와주기 때문이다. 긍정이냐 부정이냐? 부정적인 생각으로 최소한 중간은 할 수 있다. 긍정적인 생각으로 남들과 경쟁에서 승리하여 대박이 날 수도 있지만, 경쟁에서 승리하지 못하면 쪽박이 날 수도 있다. 긍정적인 생각은 또 다른 긍정적인 생각을 가진 사람들과 경쟁에서 승리해야 한다는 말이다.

긍정에 대한 가르침은 경쟁에서 이기는 것을 전제로 하고 있다. 창업을 부추기는 잘난 사람들은 대부분 일류 대학 출신들이다. 일류대학 출신이 창업할 경우, 그들의 학연을 활용해 성공할 확률을 높여 가지만 그들 역시 창업을 해서 성공할 확률은 20% 미만이다. 하지만 그들은 창업에 실패해도 대학 간판을 이용해 취업을 하거나 다른 먹거리를 찾아 나선다. 그만큼 긍정적인 사고를 가져도 된다는 얘기이다. 그렇지 못한 예비 창업자는 창업에 신중해야 한다.

한국에서는 긍정적인 생각을 가진 사람이 단 한 번의 사업 실패로 재기불능 상태에 빠진다. 물론 재기에 성공하는 사람도 있지만 극소수이다. 상법상 조직에 인격을 부여해서 법인을 만들었음에도 연체되면 은행은 연대 책임을 물어 개인에게 덮어씌운다. 참 편하게 장사한다. 개인의 경우에도 은행이나 카드사가 대출금을 회수하지 못하면 헐값에 추심업체에 땡처리해서 넘긴다. 이 추심업체의 독촉에 견디다 못한 채무자가 목숨을 끊는 일이 계속 이어지고 있다.

자수성가한 사람들 중 실패 경험 없이 바로 성공의 길로 들어선 사람은 드물다. 성공한 사람들은 긍정의 힘을 쏟아 내야 할 시기를 잘 분간하며, 얘기를 들어야 할 사람들의 얘기를 잘 듣고 소화해서 자기 것으로 만든 사람이다. 실패한 사람들은 긍정할 때와 부정해야 할 때를 분간하지 못하였으며 들어야 할 얘기는 안 듣고 듣지 말아야 할 얘기는 들었던 사람이다.

《세이노의 가르침》에서 세이노는 적극적 사고에 대해 말한다.

"적극적 사고방식이 필요하다고? 총알이 날아오는 전쟁터에서 자신감 충만하게 나아가 보라. 총알이 비켜 나가는지. 세상살이가 무슨 무협지 줄거리인 줄 아는가? 한때, 많은 회사에서 신입 사원들에게 야간 철야 산행 같은 지옥훈련을 시키는 것이 유행이었는데 이것 역시 지금은 거의 사라졌다. 육체적으로 험난한 훈련을 견뎌 내야 세상살이가 달라지게 된다면 해병대 출신들이나 UDT 출신들은 전부 다

폼 나게 살아야 하지 않을까?"3)

마지막 이 말이 나를 가슴 뜨끔하게 만든다. 최선을 다하고 고된 지옥훈련을 통과한 해병대 출신인 나는 정말 폼 나게 살아야 한다. 그러나 현실은 정반대다. 대열에서 낙오도 했다. 이제 겨우 남들 정년퇴직할 때, 취업에 성공하여 서서히 내 자리를 찾아 가고 있다.

---

3) 세이노, 《세이노의 가르침》, 데이원, 2023.

최선을 다해도 2 대 8 함정에서 벗어날 수 없다

1897년 여름 이탈리아 경제학자이자 사회학자인 빌프레도 파레토는 스위스 로잔대학 연구실에서 19세기 영국의 부와 수익 패턴을 연구하며 바쁜 나날을 보내고 있었다. 당시 마르크스주의 영향력이 강했고 부의 분배 문제가 거론되고 있을 때였다. 파레토는 영국의 경우, 부가 확대되더라도 그 대부분이 소수에게 집중되기 때문에 공평하지 않다는 사실을 알게 되었다. 비율을 정확히 계산한 끝에 그는 인구 약 20%가 부의 80%를 소유하고 있다는 사실을 확인했다. 여기서 보다 중요한 점은 영국의 통계를 다른 나라와 비교했을 때 그 비율이 동일하다는 것이었다. 이른바 파레토 법칙이다.

20 대 80 원칙은 일반적으로 위와 같은 파레토 이론으로 알려져 있다. 나는 세상을 움직이는 많은 20 대 80 원칙을 경험했다. 최선을 다했는지, 안 했는지에 관계없는 20 대 80 원칙이다.

우리는 80% 정도 차지하는 가난의 함정에 빠진 부모에게서 태어난다. 태어날 때부터 개돼지로 살도록 길들여지는 80% 말이다. 80% 개돼지들은 윤석열 대통령이 입에 달고 사는 자유, '자유'를 살 돈이 없다. 상위 20%만이 이 '자유'를 만끽하며 살 수 있다. 개돼지는 내가 한 말이 아니다. 교육부 모 정책 기획관이 현직에 있을 때 한 말이다. 나는 참 그분을 존경한다. 사회 지도층이 쉬쉬하던 얘기를 용기 있게 드러내(커밍아웃) 주셨다. 생각지도 못한 큰 깨달음을 주셨다. 개는 시키는 일만 잘하고 돼지는 잘 자라 줘서 밥상에 올리면 된다. 교육 개혁? 필요 없다. '주입식 교육'이라는 성장 촉진제로 빨리 키워 내서 시장에 내다 팔면 된다. '개천에서 용 난다'라는 이야기는 고전이 되었다.

쿠팡에서 일하다 숨진 (고) 정 모 씨는 쿠팡 실무자와 카톡 대화에서 '개처럼 뛰고 있긴 하다'라는 말로 실제로 개처럼 살고 있다고 했다. 한창 일할 나이 41세인 2024년 5월 28일 숨졌다. 심실세동과 심근경색 의증으로, 대표적 과로사 원인인 뇌심혈관계 질환으로 밝혀졌다.

고인은 평소 오후 8시 30분부터 다음 날 오전 7시까지 하루 약 10시간 30분, 주 6일 근무해 주 평균 노동시간은 63시간(야간근무 30% 할증 시 77시간)으로 알려졌다. 야간 노동이 발암 요인이라는 근거는 학술적으로 확고해지고 있다. 세계보건기구 산하 국제 암연구소는 2007년 생체리듬을 파괴하는 '교대제 근무'를 납과 같은 등급인 유력한 발암물질로 분류했다.

인간 유전자는 밤에 자고 낮에 일하는 것으로 고정되어 있다. 자는 시간에 일하는 것은 인간 유전자와 바이오리듬에 맞지 않다. 병이 날 수밖에 없다. 내가 쿠팡에서 물품 구매를 하지 않는 것은 쿠팡에서 일하다가 병들어 스러져 간 사람들에 대한 최소한 예의 때문이다. 이런 예의라도 차리지 않으면 언젠가 내가 당한다. 독일은 니뮐러 목사의 〈그들이 왔다〉와 같이 내가 행동하지 않으면 내 차례가 온다.

"미국의 하버드와 스탠퍼드 대학생 3명 중 2명이 소득 상위 20퍼센트 가정 출신이고 아이비리그 대학생 가운데 소득 하위 가정 출신은 100명 중 4명이 안 된다. 미국 대학생 6만 7천 명을 대상으로 한 조사에서 대학생 20%가 1년 이내에 자살을 고려한 것으로 조사되었다. 2000년~2017년 사이, 20~24세 자살률이 36퍼센트 증가했다."[4]

대통령이 강조하는 '국익'의 80%도 지배 계급 차지다. 엄밀하게 따지면 지배 계급 20%가 국익 80%를 가져가고 이른바 낙수효과로 위장된다. 청소년 의식조사에서 20%만이 자기가 희망하는 직업을 답하고 나머지 80%는 자기가 나중에 무엇을 할지 자신도 모른다고 답변했다.

창업에서 성공할 확률도 20% 미만이다. 나머지 80%는 망한다. 언제 망하느냐, 어떻게 망하느냐 차이이다. 창업에는 많은 고민과 경험이 필요하다. 성공한 20% 중에서도 기업 경영을 제대로 하는 기업인은 얼마나 될까? 많지 않다. 회사 대표는 직원과 업무상 소통에서 말하기와 듣기의 비율을 20 대 80으로 듣기에 주력하는 것

---

[4] 마이클 샌델, 《공정하다는 착각》, 와이즈베리, 2020.

도 리더로서 반드시 잊지 말아야 할 중요한 덕목이다. '남의 말 잘 듣기'는 내공 훈련의 최종, 최고의 단계이다.

80%의 '사소한 다수'가 20%의 '핵심 소수'보다 뛰어난 가치를 창출한다는 '롱테일 법칙'도 있다. 이 개념은 2004년 10월에 미국의 인터넷 비즈니스 관련 잡지 《와이어드(Wired)》의 편집장이었던 크리스 앤더슨이 처음 사용하였다.

한국 기독교 순기능도 고작 20%이다. 기독교인 20% 정도만 진정으로 하느님 말씀을 받들고 실천한다. 나머지 80%는 오로지 자신과 가족만의 안위를 위한 기복 신앙이다. 그 80% 중 기업을 하는 자일 경우, 악질이거나 저질이다.

가늘고 길게, 가길러의 삶

가늘게 길게 살기 위해서는 삶에 대한 기준을 바꿔야 한다. 잘 살아야 한다는 강박에서 벗어나야 한다.

이제는 재테크가 아닌 '생존'과 '위험 회피'로 나에게 닥친 경제 문제를 풀어야 한다. 인생이 절벽에 가로막힌 분들과 가진 것은 젊음밖에 없는 2030세대에게 '위험 회피'는 가진 자의 '사치의 말장난'으로 비칠 수 있다.

보이든 보이지 않든, 원하든 원하지 않든, 우리가 지금 마주한 불안정한 사회는 계속될 수밖에 없다. 왜냐하면 우리 앞에 펼쳐진 기술과 사회, 경제 제도나 체계는 우리 인류가 처음 진행하고 처음 실험해 보는 것이기 때문이다. 대표적인 것이 미국식 자본주의인 신자유주의다. '보이지 않는 손'이 우리를 시험하고 있다. 애덤 스미스는 자원배분의 효율성으로 이루어지는 시장을 '보이지 않는 손(invisible hands)'이라고 설명했다.

변종 자본주의 신자유주의 실험이 거의 실패로 끝나 가고 있고, 20대 취업 절벽은 개선될 가능성이 거의 없다. 저임금, 비정규직, 갑질에 시달리는 2030세대는 이런 문제를 구조적인 문제로 인식하지 않는다. 각자 개인의 문제로 생각해서 바로잡을 생각을 하지 않는다. 그저 열심히 스펙을 쌓아서 또래와 경쟁에서 이기면 자신만은 남들보다 잘살 수 있다고 생각한다. 하지만 스펙 사다리로 인한 계층 상승의 기회는 한국 사회에서 더 이상 존재하지 않는다. 사다리를 걸쳐 놓을 버팀목이 사라졌기 때문이다. 이 버팀목을 치워 버린 지배 계급은 그들 후손만이 이 버팀목을 사용할 수 있는 체계를 만들었다.

프란치스코 교황은 "새로운 형태의 가난을 만들어 내고 노동자를 소외시키는 그런 비인간적인 경제모델을 거부하기 바란다."라고 했다. 그러니까 자신의 불행한 삶이 단순히 나만의 책임이 아니고 사회 구조적인 문제일 수 있다는 얘기다.

신자유주의는 미국에서 한국으로 들어올 때 변이가 시작되었다. 이제는 자본주의 수출국 미국에서도 찾기 힘든, 도덕적 해이를 동반한 변종 자본주의가 한국에서 똬리를 틀고 있다. 지배층은 이 변종 자본주의를 마치 글로벌 표준인 양 밀어붙이고 있다. 이런 변종 자본주의에서 살아남기 위해 가늘고 길게 사는 방법을 마련해야만 한다. 운 좋게 대기업에 입사해도 다양한 종류의 갑질을 당하고 물론 인간으로 대접은 고사하고 40세 넘기 무섭게 명예퇴직을 당한다. 명예퇴직이라 이름 붙여진 불명예 퇴직이다.

돌이켜 보면, 나도 최고와 최선이 아닌 가늘고 길게, 가길러의 삶을 선택했어야 했다. 고향에서 전화국장, 아니면 중간 간부 정도에서 은퇴하고 유유자적 아니면 그럭저럭 먹고사는 삶을 선택해야 했다. 그러나 돈과 명예를 좇아 도시로 나온 후 닥친 과정마다 최선을 다한 결과는 참, 비루하고 남루한 삶이었다.

고향에 남아 있는 친구들은 평화롭게 잘 산다. 대학물 먹은 친구들보다 더 평화롭다. 서울 대학을 나온 내 친구들, 초등학교만 나온 내 고향 친구보다 인생을 더 잘 살았다고 보기 어렵다. 오히려 곡절도 많았다. 37년 만에 만난, 충주호 근처에서 주말마다 자연인 삶을 살고 있는 고향 친구를 보고 '참 편안하다. 잘 컸다. 고맙다!' 외에 다른 생각이 나지 않았다.

가길러 삶을 고민할 때 필요한 것은 산책과 여유이다. 한 시간만이라도 멀리 떨어져 혼자만의 공간에서 숨을 깊이 들이쉬고 당신을 옥죄고 있는 모든 것에서 벗어날 수 있는 환경을 만들어 보자! 나는 자전거로 저수지를 오갈 때, 조용히 멍 때리면서 집에서 음악을 들을 때, 아이디어가 샘솟는다.

IMF 시기에 우리에게 희망을 주었던 골프 여제 박세리, 앞만 보고 걸어왔던 그녀가 슬럼프에 빠졌을 때, 주위 권유로 낚시를 하면서 골프로 가득 채웠던 시간을 비우며 느낀 것은 바로 '앞만 보고 가는 게 너무 위험하다'라는 것이었다. 또 마누시 조모로디가 쓴 《심심할수록 똑똑해진다》에서는 "우리는 빨래를 하고 있을 때, 또는 세상에서 가장 길게 느껴지는 빨간 신호등이 녹색으로 바뀌기를 기다릴 때, 시간을 낭비하고 있는 것 같지만 당신의 뇌는 넓은 시각으로 아이디어와 사건들을 바라보고 있는 것이다."라고 했다.

기술에 대한 대중적인 비전으로 세상을 바꾼 스티브 잡스는 "나는 지루함의 신봉자다. 모든 기술 제품이 훌륭하지만 아무런 할 일이 없는 것 또한 훌륭한 일이 될 수 있다."라는 유명한 말을 남겼다. 스티브 잡스는 기발함에 관한 단연코 최고의 교사일 것이다. 제대로 바라보기 위해 긍정적이고 건설적인 몽상에 몰입했다.

혹시 창업했거나 창업 준비 중인가? 과몰입해서는 지금 가고 있는 이 길이 정말 옳은 길인지 알 수가 없다. 바둑판 옆에서 훈수 두는 사람이 판세를 정확히 읽을 수 있다. 만약 독자 여러분이 예비 창업자라고 치자! 창업을 해서 경영을 한다는 것은 마라톤을 뛰는 것과 같다. 단거리 경주가 아니다. 42.195㎞를 뛸 만한 정신적 여유와 체력을 길러야 한다.

창업에 신중해야 할 이유가 또 있다. 우리나라는 미국식 자본주의를 도입했지만 '실패'에 대해서는 미국식 자본주의를 따르지 않았다. 미국식 자본주의는 탈권위적이면서 사업 실패 경험을 경력으로 인정해 주고 회사의 실패를 개인의 실패로 연결하지 않는다. 한국에서라면 스티브 잡스가 매킨토시 실패 후, 재기에 성공했을까? 한국의 스티브 잡스는 아마 신용 불량자로 거리를 헤매는 노숙자 신세가 되어 있을 것이다. 반복되는 대기업의 구조조정과 대마불사를 위해 쏟아붓는 혈세의 10%만이라도 창업 실패자에 대한 배려를 한다면 한국의 스티브 잡스는 재기해서 더 많은 일자리를 만들어 낼 것이다.

생을 마감할 때
'최선을 다하지 않았다'라고 후회한 사람은 없었다

'죽음을 앞둔 생의 마지막 순간에 가장 후회하는 것이 뭘까?'

가장 후회하는 것은 어느 나라를 막론하고 비슷했지만 자기가 했던 일에 최선을 다하지 않아서 후회한다는 사람은 없었다. 울 엄니는 생의 마지막 순간, 무엇을 생각했을까? 입시 치르는 날에 늦잠 자서 중학교 진학을 하지 못한 것을 후회했을까? 혹시 부친과 결혼한 것을 후회했을까?

나는 내 인생 모든 것을 다 후회한다. 특히 부친의 판단과 결정으로 들어간 학교를 5년 동안 꾸역꾸역 다닌 것을 후회한다. 중간에 자퇴하고 검정고시를 준비하거나 다른 학교로 전학해야 했다. 부친의 폭력이 두려워 청소년기 내내 주눅이 들어 있었다. 사춘기, 중2병, 내게는 참 철딱서니 없는 소리다.

하지만 나는 울 엄니에게는 그야말로 최선을 다했다. 해병대에 복무할 때도 모친에게 일요일마다 교회 다닌다고 거짓말하고 휴가를 나오면 모시고 교회 예배에도 참석했다. 바닥부터 천장까지 물신주의로 가득 찬 교회에서 말 같지도 않은 목사의 말을 한 시간 넘게 듣는 것은 고역이었다. 어렵사리 휴가를 받아 집에 왔을 때는 특히.

하지만 울 엄니 만수무강이 최우선 순위였다. 이미 그 당시 울 엄니는 내일이라도 돌아가시는 것이 이상하지 않을 만큼 건강이 안 좋았다. 시름시름 사는 것보다 당신의 주님에게 가는 것도 괜찮다는 생각까지 했다. 아마 우리 7남매 중에서 나만큼 어머니 건강에 위기를 느낀 사람은 없을 것이다. 그래서 최선을 다했다.

회사에 입사한 지 얼마 지나지 않아 집에 다니러 왔을 때 그날은 어쩐 일인지 저녁 예배까지 같이 가자고 해서 처음으로 짜증을 냈다. 서울로 올라온 다음 주에 돌아가셨다는 소식을 들었다. 그래서 좀 찜찜하다. 나도 내 생활이 있다. 가고 싶지 않은 교회에 저녁 예배까지? 아마 엄니는 내가 가짜로 교회 다닌 것을 모르셨을 것이다. 아니면 알았지만, 혹시 모른 척하셨을까? 좌우간.

부친은 돌아가시기 전에 "난 최선을 다해 후회 없이 살았다."라고 했다. 그 얘기를 들은 누이들과 난 어이없었다. 두 누이의 가슴에 대못을 박은 것이 한두 개가 아니었다. 특히 돌아가신 큰누이의 방배동 땅을 팔게 하고 사업 자금으로 썼다. 거기다 새어머니와 한편이 되어 사별하고 혼자 사는 큰누이와 부동산 관련 이권 때문에 갈등이 많았다. 참 이해 불가하다. 또 당신 어머니이지만 우리들의 할머니에게는 얼마나 못되게 하셨던가? 어쨌든 손자와 사위가 자살로 생을 마감했는데, 관련이 있든 없든 후회가 좀 있으셔야 되는 것 아닌가?

임채성 작가는 《가장 낮은 곳에 있을 때 비로소 내가 보인다》에서 생의 마지막 순간에 보인 환자들의 마지막을 기록했다. 주목할 점은 저마다 다른 삶을 살았지만 죽을 때 후회하는 것은 거의 비슷했다는 것이다. 죽기 전에 '진짜 하고 싶은 일을 했더라면', '조금만 더 겸손했더라면', '감정에 휘둘리지 않았더라면', '기억에 남는 연애를 했더라면'이다.

가장 큰 후회는 '타인 기준과 기대에 맞춰 살지 않고, 자신이 하고 싶은 일을 하면서 살았더라면'이었다. 즉, 자기가 하고 싶은 일을 하지 못하고 죽는 것을 가장 후회했다. "타인의 삶을 사느라 당신의 삶을 낭비하지 마라."라는 말은 애플 CEO 스티브 잡스가 죽음을 앞두고 암 투병 중에 남긴 말이다. 그 밖에 일 좀 덜 할걸, 화 좀 덜 낼걸, 친구들을 더 잘 챙길걸, 도전하며 살걸 등은 오스트리아의 한 간호사가 전한 말이다 하지만 한국에서라면 죽기 전에 후회하는 일에 몇 가지가 추가될 것이다. '가정에 좀 더 충실하고 아이들과 더 많은 시간을 보낼걸' 하고 말이다.

또 《죽을 때 후회하는 스물다섯 가지》라는 책을 쓴 일본인 의사 오즈 슈이치는 "선행과 친절을 베풀지 않으면 장담하건대, 당신은 나중에 반드시 후회한다. 인생에서 백전백승을 외쳐도 죽음 앞에서는 무릎을 꿇는 게 인간이다. 그렇지만 생의 마지막을 패배가 아닌 아름다운 마무리라고 생각한다면 죽음이 마냥 두렵지만은 않을 것이다. 그리고 얕팍한 처세가 아니라 타인에게도 진심으로 너그러웠던 사람은 삶을 마무리하는 순간, 자기 자신에게도 한없이 너그러울 수 있다. 삶에서 진정으로 베풂을 실천한 사람은 죽음을 두려워하지 않는다."라고 했다.

마지막 순간에 '최선을 다하지 못해서 후회한다'라는 사람은 없었다.

2장
뛰어내리지 말고 최적 경로를 찾아라

뛰어내리지 마라, 그럼 지는 거다

2023년 7월 18일 또 한 명의 교사가 자살했다. 자기가 근무하던 학교, 서이초교에서 생을 마감했다. 자살을 택한 장소가 자기가 근무하던 학교였다. 학교에 뭔가 할 말이 있는 듯했다. 자신의 손으로 자신의 몸에 폭력을 가해서 고통 없이 편히 쉴 수 있는 곳으로 가 버렸다. 이 교사가 학부모와 전쟁에서 할 수 있는 일은 스스로 자기 몸에 폭력을 행사하여 생을 끝내는 것이 전부였다. 독자 여러분도 마찬가지, 한 세월 살다 보니 언젠가는 생을 마감하고 싶은 일이 생긴다. 나 역시도 그런 고민을 한 적이 있다.

자살은 나 한 사람의 생이 마감되는 것으로 끝나지 않는다는 것이 문제다. 내가 죽으면 지배 세력에 패배하는 것이다. 그들의 탐욕에 내가 지는 거다. 죽은 이 교사에게 정신적 폭력을 행한 학부모는 지배 계급 흉내를 내고 싶었는지 모르지만 자살하면 이들에게 지는 거다. 그 학부모는 교사 한 명이 죽는다고 해서 눈 하나 깜짝하지 않을 사람들이다.

그 학부모는 초중고 12년, 대학 4년 동안 좀비 교육을 받은 사람이다. 교사에게 하던 갑질을 멈추지 않을 것이다. 다른 곳에서도 또 다른 좀비로 변신해서 갑질을 할 것이다. 아니, 다른 학부모가 딴 죽을 걸 수도 있다. 다른 학부모들 의식 속에도 역시 좀비 유전자가 심어져 있다. 학교에서 직장에서 군대에서 가정에서 협력과 상생이 아닌, 남들을 없애야 살아남는 좀비 교육을 받았기 때문이다.

교육부 공무원이자 한 아이의 학부모이기도 한 사람이 담임 선생에게 당신 자식이 왕의 DNA를 타고났으니 잘 모시라고 했다. '민중은 개돼지'라고 한 교육부 모 국장에 이어 두 번째다. 타 부처도 아니고 교육부다. 교수 친구에게 들었던, 교육부를 없애야 교육이 살아날 것이라고 하는 얘기는 빈말이 아닌 듯하다. 각자도생의 한국 사회, '너 죽고 나 사는' 사회에서는 내 자식이 전쟁에서 승리하지 않으면 안 된다. 갑질은 일상적인 일이 되어 버렸다.

신자유주의 컨베이어는 굴러가는 데 사람 피가 필요하다. 그러니 힘들다고 자살하면 안 된다. 내가 죽으면 또 다른 사람이 내 뒤를 이어 자살할 것이다. 자신을 감싸고 지켜 줄 이웃이 사라진 사회에 홀로 남은 자가 맞아야 하는 위기란 이런 것이다. 자살한 사람들도 대부분 청소년기, 청년기를 거쳤다. 그들도 본인들이 자살하게 되는 상황에 마주할 줄은 어린 시절에는 전혀 상상을 하지 못했을 것이다. 누구를 막론하고 자살의 유혹에서 자유롭지 못하다. 나도 내 조카 준이 자기가 살던 아파트에서 투신하게 될 줄은 정말 상상조차 하지 않았다.

나 역시 마찬가지였다. 나도 한때 이렇게 치욕스럽게 삶을 유지하는 것보다 '생을 마감하는 것이 낫지 않을까' 생각했다. 하지만 여기서 포기할 수 없다. 털고 일어나야 한다. AI 혁명, 4차 산업혁명에도 겁내지 마라! 그날까지 우리가 살아 있으리라는 보장도 없다. 손석희가 23년 새해 벽두에 방영한 〈세 개의 전쟁〉은 우리가 이 전쟁을 피하기가 쉽지 않음을 보여 준다. 참혹하다. 청소년, 노인 자살률 1위, 출산율 0.70명은 우리가 운 좋게 3개의 전쟁을 피할 수 있어도 어차피 한국인은 시간이 지나면서 멸종한다.

2023년 리비아 홍수로 한 도시 인구 15%가 한순간에 사라졌다. 우리는 한 명씩 서서히 사라지고 있다. 외롭게 혼자 무지개다리를 건너지 말고 좀 더 기다려 보자! 3개의 전쟁 중에 하나라도 터지면 지구의 종말, 아니면 한반도가 통째로 사라질 수도 있다. 다 같이 공멸할 순간이 온다. 이 책은 그때까지 개, 돼지, 닭, 양, 쥐가 아닌, 인간으로 살기 위한 생존 지침서다.

손흥민도 어려운 시간을 잘 이겨 냈다. 3년 전쯤인가, 프랑스 출신 토트넘 주장이자, 골키퍼인 요리스가 경기 중에 손흥민에게 내려와서 수비하라고 소리쳤다. 나는 이 장면을 TV 화면을 통해 생생히 지켜봤다. 선수끼리, 특히 골키퍼가 경기 중에 공격수에게 수비하라고 소리를 지르는 것은 처음 보는 장면이었다. 손흥민이 이에 맞대응하여 주먹질이 일어날 뻔한 장면이 있었다. 또한 수비수 다이어도 손흥민에게 수비하라고 하는, 실점 책임을 손흥민에게 떠넘기는 모습도 있었다.

나는 이 모습에 인종 차별 느낌을 강하게 받았다. 손흥민이 유럽 출신 선수라면 이런 일은 일어나지 않았을 것이다. 이런 수모를 참고 인고의 세월을 견디 낸 손흥민에게 드디어 기회가 왔다. 토트넘 최초로 비유럽계 출신인 손흥민이 주장 완장을 찬 것이다. 1년 전의 모습과는 전혀 다른 상황이 전개됐다. 감독은 경질되고 요리스와 다이어는 방출을 기다리고 있고 전력에서 이탈했다.

인생이란 이런 것이다. 음지가 양지 되고 양지가 음지 된다. 자신 신체에 폭력을 가해서 생을 마감할 생각은 하지 말고 합법적이고 강력한 대안을 찾는 것이다. 광화문 촛불 집회도 효과가 없다. 문재인 정권은 촛불 집회가 서민들 삶의 질을 높이는 데 효과가 없다는 것을 보여 주었다. 멀리 광화문까지 가서 집회를 할 필요 없다.

가장 쉽고 빠른 방법은 정치적으로 해결하는 것이다. 우리에게 강력한 합법적인 무기가 있다. 내가 가진 투표 권리를 제대로 행사하는 것이다. 소수당이나 무소속에 투표해서 그들이 많은 의석을 차지하도록 해야 한다. 만약 지금과 같은 양당 체제가 계속된다면 2030세대와 6070세대를 가리지 않고 사회 불평등 지수와 갈등 지수 OECD 1위를 계속 유지하면서 자살률 세계 1위는 변함이 없을 것이다.

그 자살률 세계 1위 속에는 미래의 나도 포함된다. 남들이 어려운 처지를 당했을 때 모른 척하면 어떻게 되는지 2차 대전 때 나치에 굴복하거나 방임한 독일 성직자 그룹을 비판한 마르틴 니묄러 목사가 유명한 시 〈나치가 그들을 덮쳤을 때〉에서 사례를 보여 준다.

그들이 처음 공산주의자들에게 왔을 때,
나는 침묵했다. 나는 공산주의자가 아니었기에.

이어서 그들이 노동조합원들에게 왔을 때,
나는 침묵했다. 나는 노동조합원이 아니었기에.

이어서 그들이 유대인들을 덮쳤을 때,
나는 침묵했다. 나는 유대인이 아니었기에.

이어서… 그들이 내게 왔을 때,
그때는 더 이상 나를 위해 말해 줄 이가
아무도 남아 있지 않았다.

직장보다 직업을 찾아라!

미래학자 토마스 프레이는 2030년이면 20억 개의 일자리가 사라질 것이라고 예측했다. 대학은 반 이상 사라지고, [포천] 글로벌 500대 기업 중 절반이 문을 닫을 것이라는 것이 그의 예상이다. 학생들이 졸업 후 사회로 나갔을 때 직면하게 될 변화들이다. 우리는 머지않아 사라져 버릴 대학과 일자리를 위해 아이들이 많은 시간과 노력을 투자하도록 독려한다. 먼 미래 남의 나라 이야기가 아니다. 우리는 이미 100세 시대에 50세가 되기 전에 퇴직하는 상황과 마주하고 있다

대기업에서 기껏해야 20년 근무하기 위해 우리 교육은 비슷한 스펙과 비슷한 욕망을 가진 온순한 양으로 양육된다. 하지만 퇴직 후 남은 인생 30년은 다른 직업을 찾아 나서야 한다. 과거 20년 직장에서 쌓아 온 경험과 연륜은 아무짝에도 쓸모가 없다.

미래 학자들은 앞으로 살면서 3개 분야 5개의 직업과 19개 일을 하게 될 것이라고 예견한다. 그래서 19가지 직업에 골고루 써먹을 마스터키가 필요하다고 강조한다.

통계청 경제활동인구조사 마이크로 데이터에 따르면 2024년 1분기 부업을 한 적이 있는 취업자는 전년 같은 분기(월평균 45만 1천 명)보다 22.4%(10만 1천 명) 늘어난 55만 2천 명으로 집계

됐다. 취업자 중 부업을 겸하는 N잡러 규모는 전체 취업자에 비해 아직 크지 않지만 증가세가 가파르다. 2019년 1분기 1.34%였던 전체 취업자 중 부업자 비중은 5년 만인 지난해 1.97%를 기록하며 2%에 육박했다. 증가세는 청년층과 40대에서 뚜렷하다. 1분기 청년층 부업자는 1년 전보다 30.9%(1만 2천400명) 늘어 증가 폭이 가장 컸다. 40대 부업자는 같은 기간 27.7%(2만 5천 명) 늘어 두 번째로 증가 폭이 컸고 60대 이상(25.1%, 3만 9천 명), 30대(14.9%, 9천300명), 50대(14.7%, 1만 5천 명) 등이 뒤를 이었다.

마스터키를 만드는 데 제일 필요한 것은 독서이다. 독서에 많은 시간을 투자하여 창의성을 키워야 한다. 미국의 동부 메릴랜드주 아나폴리스의 세인트존스 대학에서 그 해답을 찾을 수 있다. 이 대학은 취업양성소나 학원으로 전락한 한국의 대학과는 확연히 구별된다. 이 대학에서는 어디서든지 책을 읽고 토론하는 학생이 눈에 띈다. 이 대학에서는 의무적으로 4년 동안 100권의 책을 읽는다.

철학, 과학, 고전, 역사에 이르기까지 광범위하게 읽고 토론하는 것이 이 대학 교과 과정 일부이다. 취업에 몰두하는 한국의 대학, 또는 미국 일반 대학생들과 달리 세인트존스 대학에서는 학생들의 사고력을 키우는 것을 교육 최우선 목표로 잡고 있다. 전공을 공부하는 학생들도 그것을 단순히 암기하거나 규칙을 따르는 것이 아니다. 특별한 전공도 없이 졸업하는 학생들이지만 그들은 법률, 금융, 예술 등 다양한 분야로 진출한다. 한국처럼 스펙이 아닌 사고력으로 단단히 무장하고 졸업을 한다.

한국교육과정평가원 'OECD 국제 학업 성취도 평가 연구 보고서'에 따르면 한국 학생은 읽기 능력의 성취도가 낮고, 복합적 텍스트 읽기에 어려움을 겪어 필요한 정보를 찾을 수 있을 만큼 문장을 이해했는지 평가하는 정답률이 46.5%였다. 2009년에서 2018년 사이 15%나 떨어져 조사 대상 5개국 중 가장 큰 하락을 보였다.

"이 세상에 있는 기술 다 배워서 동원하고 디자인 뽑고 해서 자동차 제법 잘 만듭니다. 그런데 숙제는 그렇게 잘하는데 왜 아직 출제는 못할까요? 출제란 우리가 먼저 문제를 내고 남들로 하여금 그걸 풀면서 우리를 따라오게 하는 겁니다. <아바타>라는 영화 보셨습니까? 이 영화를 실제 만든 컴퓨터그래픽 디자이너들 중에는 한국 사람이 여럿 있답니다. … 그런데 이런 걸 구상해 내지는 못한다는 거죠. 스토리를 만들어 내야 하는 겁니다. 그리는 게 문제가 아닙니다. 인문학을 알아야 합니다. 신화를 꿰뚫어야 하고요."[5]

프랑스의 시인이자 사상가인 폴 발레리는 "생각대로 살지 못하면 사는 대로 생각하게 된다."라고 통찰한 바 있다. 독서를 통해 생각대로 사는 삶을 살아야 한다. 빌 게이츠도 독서 파워 블로거이다. 그가 일군 '부'도 일정 부분 독서의 힘이었다.

---

5) 최재천 외, 《명강》, 블루엘리펀트, 2012.

생존에 필요한 최적화 기술을 배워야 한다.

박홍규가 쓴《작은 나라에서 잘 사는 길》에서 이렇게 말한다.

"네덜란드는 보통 12세인 초등학교 마지막 8학년이 되면 전국적으로 통일된 시험을 거쳐 4개 코스 중 하나를 선택하게 된다. 더 이상 공부를 하기 싫은 학생이 가는 초급 직업학교는 3년제 수료 후 1~4년제 실습훈련을 하면 직업인이 된다. 학교에서는 수학이나 과학 등을 전혀 배우지 않고 오로지 기초적인 단순 작업 직업 훈련만 받아 단순 기술자가 된다고 한다. 왜냐하면 이 나라는 고졸자나 대졸자나 임금 차이가 없기 때문에 굳이 대학에 가려고 하지 않는다."[6]

대학에 가지 않고도 배울 수 있는 방법은 많다. 제도권의 공교육을 받지 않아도 인터넷과 AI에서 필요한 내용을 알 수 있다. 키보드 몇 번 두드리면 된다. 만약 기후 위기로 많은 것이 사라지면 밀림 속과 같은 환경에서 살아가야 할지도 모른다. 도시에 살더라도 뉴기니섬 다니족과 같은 생활을 하게 될 수도 있다. 세상이 변했다는 것을 눈치챈 자만이 이 생존 게임에서 살아남을 수 있다. 최악의 상황이 오지 않더라도 비슷한 것은 온다.

---

6) 박홍규,《작은 나라에서 잘 사는 길》, 휴먼비전, 2008.

농업 생존 교육을 받아야 한다. 하룻밤 자고 나면 매일 농산물 가격이 오르고 있다. 기후 위기가 오면 농약과 제초제 수급에 문제가 생길 수 있다.

유기농 농업을 하기 위한 재배 기술을 알아야 한다. 유기농 농업은 관행 농업에 비해 상당한 양의 탄소 배출량을 줄여 기후 위기를 늦출 수 있다. 만약 기후 위기로 수확이 줄면 농산물 생산국은 수출을 제한할 것이다. 그렇게 되면 농산물 공급망이 무너지는 것은 시간문제이다. 먹거리 80%를 해외에서 수입하는 우리, 농산물 공급망이 무너지면 어떻게 될까?

농업 교육 등 직업 교육 외 대화 기술, 리더십 교육을 받아야 한다. 아빠가 되기 위한 교육도 배워야 한다. 이혼율도 OECD 1위이다. 가정생활이 원만해야 온전한 삶을 영위할 수 있다.

사기꾼 천국 대한민국에서 살아가기 위한 '전세사기 당하지 않는 법' 등 일상생활에 필요한 것을 배워야 한다. 전세사기를 당하지 않도록 부동산 관련 법과 제도를 배워야 한다.

2024년 작년 보이스 피싱으로 인해 피해액이 7천억 원이 넘는다. 보이스 피싱 방지 교육은 생존 교육이다. 그러나 아이들에게 가장 중요한 것은 공부 시간을 대폭 줄여 마음껏 뛰어놀게 하는 것이다.

《부자 아빠 가난한 아빠》로 유명한 로버트 기요사키는 학교에서 배워야 할 학문으로 금융 교육을 꼽았다. 미국의 경우 학생들 90%가 돈에 대해 더 많은 걸 배우길 원하는데도 교사의 80%는 금융 교육 가르치기를 불편해한다고 한다. 로버트 기요사키는 《왜 A 학생은 C 학생 밑에서 일하게 되는가 그리고 왜 B 학생은 공무원이 되는가?》란 책을 냈다. 이 책에서 그는 공부를 잘한다고 반드시 사회에서 성공하는 것은 아니라는 것을 증명했다.

"우리 아버지는 아마도 학문적 천재였을 것이다. 스탠퍼드 대학과 시카고 대학, 노스웨스턴 대학에서 대학원 수업을 들었다. 그런 다음 하와이 대학에서 박사 학위를 땄다. … 아버지는 쉰셋의 나이에 일자리를 잃었다. 아버지는 모아 둔 저축과 은퇴 자금을 몽땅 털어 유명 브랜드의 아이스크림 가맹점을 열었지만 얼마 가지 않아 망해 버렸다. … 수석 졸업생이라는 타이틀은 약육강식의 세계에서 살아남는 데에 아무 도움도 되지 않았다."[7]

---

7) 로버트 기요사키, 《부자 아빠 가난한 아빠》, 안진환, 2018.

나쁜 기운이 감싸고 있는 도시를 벗어나라

오물로 가득 찬 하수구 냄새가 집 안으로 스며들어 나쁜 기운이 가득하다. 오염된 공기는 사람들의 혈관 속으로 파고들어 탐욕과 거짓으로 물들게 한다. 선과 악을 구별 못 하고 위선과 교만으로 가득 차 있다. 이런 곳에는 인간이 아닌 좀비가 산다.

강남 압구정 신현대 아파트에서 근무하던 경비원 이 모 씨(53세)가 주민(70세)의 폭언과 모독에 견디다 못해 아파트 주차장에서 분신하여 사망하는 것을 시작으로 아파트에서 근무하던 경비원 자살이 이어졌다. 당신 사는 곳이 당신이 누구인지 말해 준다. 살고 있는 아파트에 의해 사람이 평가된다. 초등학교부터 고등학생까지 같은 반 친구라도 작은 평수, 또는 임대 아파트의 친구와 같이 놀지 말라고 부모가 안내선(가이드라인)을 정해 준다. 부동산 불변의 법칙과 불로소득 세습으로 힘들이지 않고 대대손손 재물신을 영접한다.

나쁜 기운을 걷어 내고 부동산 불변의 법칙을 개선할 수 있는 방법이 있다. 이건희가 만든 타워 팰리스가 위치한 강남 지역을 복합화하면 된다.

"타워 팰리스는 이건희가 꿈꾸는 복합화 모델이었다. 이건

희는 1993년부터 본격적으로 자신의 복합화 철학을 역설했다. 그의 정의에 따르면 빌딩을 옆으로 넓히지 말고 위로 높이자. 좁은 국토를 효율적으로 이용해야 한다. 한곳에 모든 임직원이 모여 산다면 40초 만에 모일 수 있다."
"만들 때 구멍가게는 한 구에 몇 개 소방서 몇 개 병원은 몇 개같이 규격을 정해 놓았으면 좋지 않겠는가? 그가 원한 것은 모든 시설을 계획적으로 한곳에 집중시켜 능률과 효율을 꾀하자는 것이었다."[8]

근데 이건희가 놓친 것이 한 가지 있다. 자족 도시를 위해서는 기반 시설도 한곳에 모아야 한다. 강남에 핵발전소(우리가 흔히 얘기하는 원자력 발전소는 틀린 용어다. 핵발전소(Nuclear power plant)이다. 'Nuclear'의 뜻은 원자력보다 '핵'에 가깝다)를 지어 전기를 자급하고 쓰레기 소각장과 도축시설까지 건설한다. 그야말로, 한곳에 자급자족 도시를 만들어 능률과 효율을 극대화한다.

이건희 정도 무소불위 권력이었다면 강남에 핵발전소나 쓰레기 소각장을 만드는 것은 식은 죽 먹기다. 반도체와 스마트폰을 팔기 위해 삼성경제연구소에서 만든 국정 백서, '국정과제와 국가운영에 관한 어젠다'로 노무현이 한미 FTA 체결하는 데 결정적인 역할을 했는데 이 정도야~ 뭐. 지금이라도 늦지 않다! 강남을 지나는 경부 고속도로를 지하로 옮기고 그 자리에 핵발전소와 쓰레기 소각

---

[8] 강준만, 《강남 낯선 대한민국의 자화상》, 인물과사상사, 2016.

장을 만들면 된다. 선거철마다 대통령 후보가 공약으로 내건 단골 메뉴, '공정'이라는 말을 실천하는 아주 좋은 기회다.

왜 인천에서 강남 쓰레기를 처리하나? 강남 사람들이 쓰는 전기를 공급하기 위해 발암물질과 독가스를 내뿜는 화력발전소, 불안한 핵발전소를 왜 지방에 지어야 하나? 자체 해결해야 한다. 전력 자립도는 서울이 5%, 경기도가 68.1%이다. 전력 자립도와 상관없이 많은 전기를 소비하고 밤이면 불야성으로 변하는 서울에 발전소를 지어야 한다. 핵발전소가 됐든 석탄발전소가 됐든 가리지 말고. 마침 윤석열 정권에서 태양광 등 재생에너지 지원 예산은 42퍼센트 삭감된 반면, 핵 발전 산업 관련 예산은 15배 넘게 늘어났다. 핵 발전 예산이 늘어나 강남에 핵발전소 건설 예산이 확보된 셈이다.

강남에 핵발전소 건설이 힘들면 핵폐기물을 처리하는 방폐장이라도 만들어야 한다. 왜 방폐장은 항상 지방에 있어야 하는가? 방폐장과 같은 '사용 후 핵연료' 저장시설을 지어야 한다면 경비원에게 갑질한 그곳, 압구정 현대 아파트 옆에 만들어야 한다. 전력 자립도가 5%인 곳에 당연히 핵폐기물 시설이라도 지어 지방과 형평성을 유지해야 한다.

우석훈은 《살아 있는 것의 경제학》에서 발전 시설이 멀리 떨어져 있는 이유를 설명한다.

"한국은 왜 전체를 하나의 시스템으로 운용할까? 근본적인 원인을 파고들면, 서울과 경기도에 원자력(핵) 발전소를 두고 싶어 하지 않기 때문이다. 근거리 송전이 기본이고 필요할 때 원거리 송전을 하는 것이 상식적이다."[9]

"그런데 사람들은 왜 땅을 자기 거라고 해?"

김규항 아들 김건이 아빠에게 물어보았다. 그렇다. 노무현과 짝퉁 진보, 가짜 교회 정체에 대해 'B급 좌파'라는 책으로 얽혀 있던 내 머릿속을 시원하게 정리해 주었던 김규항, 초등학생인 그의 아들도 땅에 대한 이러한 의문을 내게 던져 주었다. 아니, 내 생각과 같다.

왜 인간만이 땅을 독점하는가? 창조주가 동물, 식물이 다 같이 사이좋게 살라고 천지를 창조하지 않았던가? 그래서 노아의 방주도 동물들을 배에다 싣고 먼 길을 떠나지 않았던가? 그런데 동물 중에서도 왜 오직 인간만이 땅을 독점하는가? 그런데 교인들 땅 욕심은 일반인과 비교하여 덜하지 않다. 교회를 크게 지어야 건축헌금도 많이 받고 천당 표를 더 많이 팔 수 있기 때문이다.

"46억 년 역사를 가진 지구의 역사에서 고작 20만 년 남짓 이곳에서 살아온 인간이 대지를 독점하는 것이 말이 되는

---

9) 우석훈, 《살아 있는 것의 경제학》, 새로운현재, 2016.

가? 생물 다양성을 연구하는 학자들이 발표한 바로는 우리는 지금 제6의 대절멸 사건을 겪고 있다고 한다. 그런데 지난 다섯 번의 대절멸 사건들은 대개 대규모의 천재지변과 함께 일어난 것에 비해 지금 벌어지고 있는 제6의 대절멸 사건은 그저 조용히 일어나고 있다."[10]

그러나 인간의 특성이 인간을 마치 자연세계로부터 분리되어 홀로 위대한 예외적 존재로 간주하는 세계관을 정당화할 수는 없다.

"자연의 권리가 인권과 충돌하는 지점 중 하나는 소유권 문제이다. 근대 인권이론에서 소유권은 인간이 자연상태에서부터 가지고 있는 '자연권(natural rights)'으로 간주된다. 그만큼 소유권이 가지는 지위는 상당히 높다. 그리고 지금까지 각종 개발사업은 소유권 행사를 이유로 정당화되어 왔다. 예를 들어 국가는 국가 영토에 귀속된 자연자원에 대해서 배타적 주권을 행사할 수 있으며, 기업과 개인은 사유지에 대한 권리를 행사할 수 있다."[11]

그렇다면 자연의 권리를 인정할 경우 인간의 소유권보다 자연의 권리가 우선시되어야 하지 않겠는가? 왜 인간만이 자연에 속한

---

10) 최재천, 《통섭의 식탁》, 움직이는서재, 2015.
11) 황준서, "Building Sustainable Peace through the 'Rights of Nature' in Western Societies: Case Studies of New Zealand and Northern Ireland", 《인권연구》 6(1), pp. 149-188.

대지의 소유권을 독점해서 대대손손 불평등이 세습되는가? 인간은 땅으로 인한 불평등 제거와 인간성 회복을 위한 자체 정화 능력을 상실했다.

우리나라 인구밀도는 OECD 38개국 중 단연 1위이다. 1㎢당 무려 516명이 살고 있다. OECD 국가 중 호주에 비해 거의 150배 이상의 인구밀도를 자랑한다. 호주는 ㎢당 3명으로 한국과 매우 큰 차이를 보였다.

이런 인구밀도는 사람을 싫어지게 만든다. 인간 가치는 무시되고 오로지 경쟁 사슬고리 속에서 폭력의 악순환을 만들어 낸다. 면적에 비해 인구 5,000만은 너무 많다. 반 이하로 줄어야 한다. 쾌적하게 살기 위한 적정 인구로 돌아가야 한다. 어쩌면 '저출산'은 적정 인구를 위한 자연스러운 원상 회복력의 작용일 수도 있다. 자연도 경제도 지구상에 존재하는 모든 사물이나 현상은 원래 자기 자리로 돌아가려고 하는 원상 회복력을 가진다. 저출산은 사람답게 살기 위한 원상 회복의 결과이다.

노벨 경제학상 수상자인 제임스 로빈슨은 2024년 공영방송의 한 프로그램에서 한국 기자가 "사람들이 이전만큼 아이를 낳지 않고 있습니다."라며 낮은 한국의 낮은 출산율에 대한 언급하자 "잘 모르겠습니다. 그게 문제가 되나요? 제 말은 선택의 문제라는 거죠. 선택의 문제이고 사회는 이러한 상황에 적응할 수 있다고 생각

합니다. 사람들이 삶의 우선순위를 다르게 정하고 다른 방식으로 살기로 결정한 결과라고 생각합니다."라고 저출산 문제에 대한 나름대로 견해를 제시했다.[12]

"여름 징역은 자기 바로 옆 사람을 증오하게 한다는 사실 때문입니다. 모로 누워 칼잠을 자야 하는 좁은 잠자리는 옆 사람을 단지 37도의 열 덩어리만 느끼게 합니다. 이것은 옆 사람의 체온으로 추위를 이겨 나가는 겨울철의 원시적 우정과는 극명한 대조를 이루는 형벌 중의 형벌입니다. 자기 가장 가까이에 있는 사람을 미워한다는 사실, 자기 가장 가까이에 있는 사람으로부터 미움받는다는 사실은 매우 불행한 일입니다."[13]

N번 방 사건 등 사람임을 의심하게 하는 반인륜 범죄와 세월호와 이태원 사고를 폄하하는 사람들, 범죄를 저지르고 용서를 구하지도, 사과도 하지 않는 이루 헤아릴 수 없는 일들이 신영복이 얘기한 여름 날 감옥과 같은 도시에서 일어나고 있다. 그래도 계속 도시에서 살고 싶으신가?

---

12) KBS, 〈창〉, 초불확실성의 시대, 2025. 02. 16.
13) 신영복, 《감옥으로부터의 사색》, 돌베개, 2010.

운을 좋게도, 나쁘게도 하는 독서

정규직으로 취업해도 마냥 좋아할 일만은 아니다. 새벽바람을 맞으며 출근 지옥을 통과해서 열심히 근무해도 갑질을 당하고 때로 머슴 취급까지 당한다. 밤늦게까지 일해도 주인님은 머슴이 지루할까 감원, 명예퇴직 등의 얘기로 군기를 잡는다. 군대 생활의 연속이다. 직장 생활이 지루하지 않고 긴장의 연속이다. 신입 사원이 입사 후 1년 반이 지날 즈음 '이 길이 맞는 길인가' 회의가 찾아온다. 신입 사원의 퇴직률이 가장 높다고 하는 그때, 1년 반 만에 나도 남들이 부러워하는 대기업을 그만두었다.

"아무리 바쁜 날이라고 해도 가족의 생일인 경우, 퇴근시간 5시 이전인 3~4시에 퇴근하는 것이 일반적이다. 네덜란드 노동자들은 상사의 말을 듣지 않는 것으로도 유명하다. 상하관계란 없다. 연장 노동이 철저히 규제된다."[14]

한국에서는 다른 세상이 펼쳐진다. 한국에서는 퇴근해도 많은 일들이 기다리고 있다. 모임에도 얼굴을 비춰야 하고 얼굴도 본 적이 없는 친구 장모의 장례식장까지 쫓아다니느라 바쁘다. 인맥 관련 책을 쓴 작가는 이런 곳도 찾아다니며 인맥을 쌓아야 한다고 강조한다. 이러니 책 볼 시간이 없다. 세상 돌아가는 얘기를 아는 것

---

14) 박홍규, 《작은 나라에서 잘 사는 길》, 휴먼비전, 2008.

같아도 진짜로 아는 것이 아는 것이 아니다. 책을 안 보니, 세상이 어떻게 돌아가야 좋은 세상이 되는 건지 모른다. 오래간만에 책을 사도 남들과 경쟁에서 이기는 기술, 출세를 위한 처세술, 재테크 기술과 같은 책이다. 가장 잘 팔리는 책은 긍정적인 자기 계발서다. 자기 계발서를 탐독해도 자기 계발에 성공한 사례는 많지 않다.

우리는 대부분 도시 감옥 같은 곳에서 공동생활을 하고 있다. 매우 좁다. 이런 공간에 창이 하나 나 있다. 놀랍게도 이 창은 나를 바깥세상과 만나게 해 준다. 바로 '독서'라는 이름의 창, 윈도우이다. 컴퓨터를 사용하기 위해서는 '윈도우'라는 창문을 통하지 않고는 바깥세상에 나갈 수가 없는 것과 마찬가지다. 독서는 나와 바깥세상을 이어 주는 '창'이다.

작고하신 신영복 선생은 '감옥의 창'을 옥창獄窓이라고 했다. 힘들게 살고 있는 서민에게 지금의 삶은 죽지 못해 사는 감옥과 같다. '옥창'의 '옥獄'은 감옥을 말하는 것이다. 감옥에서 바깥세상을 보기 위해서는 옥창을 통해야 한다. '옥창'은 독서의 다른 말이다.

실패하지 않으려면 남들이 권하는 책이나 또는 베스트셀러보다 내가 필요한 책을 읽어야 한다. 도서관에 가면 내가 읽어야 하는 책을 바로 찾을 수 있다. 나는 먼저 도서관에서 대출해서 읽고, 다시 읽고 싶은 책은 구입한다. 구입할 수 없는 책은 다시 대출해서 본다. 두세 번씩 본 책도 많다. 도서관에서는 내가 희망하는 도서를 구입해 대여해 주는 희망도서 신청 제도가 있다. 얼마나 좋은가? 형편이 어려워도 내가 필요한 책을 볼 수 있다.

내 인생이 신통치 않았던 이유 중 하나는 독서를 중단한 것이다. 내가 독서를 중단한 이유는 중국에서 활동한 애국지사 독립운동 서적을 탐독하고, 애국지사 활동을 도와준 중국 사람들은 좋은 사람이라는 잘못된 선입관 때문이었다. 그들이 결코 그렇지 않다는 것을 알았다. 현실은 달랐다. 중국 사업을 시작도 하기 전에 돈만 날렸다는 것이 독서를 중단한 이유였다.

고대 총장이었던 '김준엽'이 쓴 《장정》이라는 책이 그런 선입관을 심어 주었다. 김준엽과 장준하가 같이 쓴 《돌베개》도 읽었다. 중국인들에 대한 좋은 기억과 중국 동북 3성에서 독립운동을 하거나 또 독립투사를 도왔던 조선족 교포에 대한 좋은 선입관이 생긴 것은 바로 이 책을 읽은 후였다. 나 자신의 능력 없음을 탓하기보다 괜히 독서 탓으로 돌리고 한동안 책을 멀리했다. 내 탓으로 돌리고 독서를 계속했다면 평범한 가길러 정도의 삶을 살았을 텐데, 휴~.

반면 독서로 인해 좋은 일도 있었다. 《나는 빠리의 택시운전사》 작가 홍세화 선생을 전철에서 만났다. 이후 작가와 독자로 계속 만남을 이어 왔다. 지난 일이 되어 버렸지만 나는 홍 선생과 많은 일을 같이하는 한 팀이었다. 내 우상, 홍세화 선생과 함께 하는 일은 내가 전혀 의도하지 않고 상상조차 해 보지 않았다. 세상에 얼마나 많은 사람들이 자기 우상과 함께하나? 특히 기억에 남는 것은 장정일 작가가 진행한 합정동에서의 독서 모임이었다. 홍 선생과 함께 한 달에 두 번 빠지지 않고 참석했다. 나름 행복한 시절이었다. 강화에서 한 번에 합정동 가는 광역버스가 있어 편하게 오갈 수 있었다. 그리고 15년이 지난 최근 홍 선생이 돌아가시기 전까지 만남을 이어 왔었다. 독서로 맺어진 홍 선생과 인연은 참 좋은 운이 작용했다고 할 수 있다. 그러니까 독서는 사람 운을 나빠지게도 좋아지게도 한다.

대통령의 독서, 정치인의 독서

노무현 전 대통령이 서거 전 읽은 책은 제레미 리프킨의 《유러피언 드림》이었다. 이 책을 읽으면서 그는 무슨 생각을 했을까? 그가 청와대에 있을 때 이 책을 봤으면 사회적 약자들 삶이 조금은 달라지지 않았을까 하는 아쉬움이 남는다.

최근에는 책에 관련한 직업을 다시 생각해 보는 계기가 있었다. 어쩌면 나는 지식층에 대한 환상을 가졌는지 모르겠다. 책을 쓰거나, 책을 많이 읽는 사람, 또 책방을 하는 사람은 선하고 정의롭다는 나의 잘못된 선입관을 이제 버려야 한다. 문재인 전 대통령의 책방은 10시부터 18시까지 종일 자원봉사자만 식사를 제공한다. 10시부터 2시까지 자원봉사자는 자기가 먹을 도시락을 지참해야 한다. 자원봉사자들에게 식사 제공도 차별적으로 제공하는 것은 일반적이지 않다. 여러 가지 떠도는 얘기를 언급하고 싶지 않지만 나는 이 얘기 듣고 또 책을 멀리하고 싶어졌다.

그가 무책임하고 위선적인 것은 퇴임하고 나서도 변하지 않았다. 문재인을 대통령으로 가까이 모셨던 사람들은 그가 선하다고 한다. 최고 국정 책임자가 선하다는 것은 지도자 우선순위가 아니다. 지도자는 우선 비겁하지 않고 책임감이 있고 위선적이지 않아야 한다. 이를 숨기기 위해 선함으로 위장했을 수도 있다. 아니면 반대편에는 추상같으면서 자기편엔 관대한 것을 '선'하다고 얘기하는 것일 수도 있다. 그가 연 책방은 그 '선'함으로 포장하기 위한 위장막이 아닐까 하는 생각이 든다.

문재인 전 대통령은 촛불 정권을 빙자하고 촛불을 기만했다. 취임사와는 달리 기회는 평등하지 않았고 과정은 공정하지 않았으며 결과는 전혀 정의롭지 않았다. 입시와 사모펀드, 가족 재산 형성 등에 숱한 의혹이 제기된 조국을 법무부 장관에 임명함으로써 공약公約 아닌 공약空約의 정점을 찍었다. 퇴임하고 나서 '잊혀진 사람이 되겠다'고 하면 가만히 계시는 것이 맞다. 그것이 지금의 철따구니 없는 것들에게 정권을 내준 것에 대한 응분의 책임을 지는 것이다! 대외활동을 하지 않고 당분간 근신하는 것이 맞다. 겸손하게. 어쩌면 그는 노무현처럼 퇴임하고 나서 검찰에 불려 다닐 일을 만들지 않겠다는 자신의 집권 목표를 달성했는지 모른다. 그러나 그런 이유로 많은 사람이 그가 비겁하고 위선적이고 무책임하다고 한다.

문재인 전 대통령은 2025년 2월 7일 《한겨레》의 인터뷰에서 윤석열 검찰총장 발탁과 그 이후 그가 이를 발판으로 대통령까지 된 과정, 계엄과 탄핵 사태를 보면서 느꼈던 자괴감을 털어놨다. 문재인 전 대통령은 "두고두고 후회가 됐다."라면서 "윤석열 정부 탄생에 문재인 정부 사람들도 책임에서 자유로울 수 없고, 물론 그중 내가 제일 큰 책임이 있다."라고 말했다.

맞다! 그의 대외 활동은 이런 반성문으로 먼저 용서를 구하고 나서 시작했어야 했다. 이제 두 번째 반성문은 서민들의 소득 하락 효과를 가져오고 삶을 힘들게 했던 주택 가격 상승을 가져온 주택 정책에 대해 사죄해야 한다. 서민 경제에 직접적인 타격을 준 것은 윤석열을 검찰총장으로 발탁한 것이 아니라 주택 가격 상승이다. 주택 가격 상승은 서민들이 가지고 떡 하나를 빼앗아 기존 세력의 떡 9개에 하나를 더 보태 줘서 10개를 만들어 준 격이다.

그가 자괴감을 느꼈다고 말하는 것은 자기 진영이 다시 정권을 창출하지 못한 자괴감이다. 촛불 혁명에 의해 정권을 잡은 민주당 중진이라는 사람이 앞으로 20년간 더 해 먹자고 했다. 문재인의 자괴감은 20년 정도 더 해 먹을 수 있는 데 사라진 것에 대한 자괴감이다. 촛불의 성과를 자기들 노력의 결과로 얻은 수확물로 착각한 것이다. 20년의 자신감이 5년으로 끝나 버리자 당연히 자괴감이 들었을 것이다.

문재인 전 대통령은 또 지난 2025년 2월 1일 책을 안 읽는 정치는 나라를 추락시키고, 분열시키며, 국민의 삶을 뒷걸음치게 만든다며 "멀쩡하게 보이는 사람들이 종북 좌파니 좌경 용공이니 반국가 세력이니 하며 유령 같은 망상 속에서 허우적거리는 이유"라고 전했다. 문재인 전 대통령은 이날 자신의 페이스북을 통해 문재인 정부 청와대 연설비서관을 지낸 신동호 시인의 책《대통령의 독서》를 "새해 처음으로 추천하고 싶은 책"이라고 소개하며 이같이 밝다. 자기 연설비서관 쓴, 자기가 포함된 《대통령의 독서》를 자기가 추천한다? 많이 낯설다.

'정치인의 독서' 좋다! 하지만 정치인은 독서 전에 객관적인 사고로 마음을 깨끗이 정화하고 '겸손'을 안전핀으로 장착하고 독서에 임해야 한다. 겸손한 정치인이 되기 위한 조건은 "거대 양당 카르텔의 불판을 바꿔 줘야 한다."에서 언급했다. 정치인의 독서는 어린아이에게 무기를 쥐여 주는 것이다. 이들이 이런 안전장치 없이 독서를 하면 자기 합리화와 내로남불, 궤변의 파편으로 가득 찬 수류탄을 터트리는 것과 같다. 이 파편을 맞은 양쪽 대리전쟁을 수행하는 사람들은 점점 더 최면 속에 빠질 것이다.

"모든 독서가(reader)가
다 지도자(leader)가 되는 것은 아니다.
그러나 모든 지도자는 반드시 독서가가 되어야 한다."

미국 전직 대통령 해리 트루먼이 말한 지도자의 의미는 한국에서는 빛바랜 말이다.

우리나라에도 잘 알려진 《성공하는 사람들의 7가지 습관》이라는 베스트셀러 저자인 스티븐 코비는 수십 년 동안 사람들에게 성공하는 비결을 가르쳐 왔다. 그의 강연을 듣고 그대로 실천한 사람들은 대부분 큰 성공을 했다. 그런데 그가 자기 책에 대해 뒤늦게 뭔가 잘못되었다는 것을 깨달았다.

"이름 대면 누구나 알 수 있는 세계적인 기업의 회장이나 부회장도 있지요. 그런데 그 가운데 한 사람이 어느 날 코비를 찾아와 고민을 털어놓았습니다. 그는 지난 20여 년 동안 코비가 가르쳐 준 대로 밤낮을 가리지 않고 열심히 일해서 성공을 했습니다. 하지만 문제는 전혀 행복하지 않다는 것이지요. 그가 그동안 열심히 일한 것은 가족과 행복하게 살기 위해서인데, 아내는 이혼을 요구하고 아이들은 마약에 빠졌다는 것입니다. 오랜 세월, 일에만 매달려 가족과는 한 번도 식사를 같이 하지 않을 만큼 돌보지 않았던 탓이지요."[15]

그는 어떻게 하면 성공을 하는지 정확하게 알았다. 하지만 성공이란 그 자체가 목적이 아니라 행복에 이르는 수단에 불과하다는 것을 몰랐다. 그래서 코비는 새로운 책을 쓰기로 결심하고 《소중한 것을 먼저 하라》를 썼다.

---

15) 스티븐 코비, 《성공하는 사람들의 7가지 습관》, 김영사, 1995.

이렇게 사는 사람도 있다

〈3 Peaks Challenge(3개 봉우리 등반 도전)〉에 대해 들어 보셨는가? 한국에 사는 4명의 외국인이 한라산, 지리산, 설악산을 24시간 내 등정에 도전하는 국내 종편에서 방영됐던 프로그램이다. 근데 이 프로그램이 인맥과 무슨 상관이 있냐고? 인맥의 맥이 들어가 있으니 상관이있다. 인맥이나 산맥이나 같은 맥이다. 맥脈이란 '사물 따위가 서로 이어져 있는 관계나 연관'을 가리키는 말이다. 나의 인맥도 3개의 산봉우리로 구성되어 있다. 운명의 신은 내게 재물 신 대신 3 peak과 같은 인맥 봉우리를 내게 보내 주셨다. 한 분도 아니고 세 분이지만 돈이 주인 행세를 하는 세상과는 다른 삶을 사는 특이한 사람들이다.

섬에서 홀로 우뚝 서 있는 홍세화 선생은 한라산이다. 섬에 있어 외롭지만 고고하다. 홍 선생은 파리에 떨어져 오랜 세월 난민의 삶을 살았다. 유신정권을 타도하려는 반독재 민주화 운동인 '남민전 사건'으로 돌아오지 못하고 파리에서 택시 운전수를 하며 모진 세월을 이겨 내고 세상이 좋아진 다음에 귀국했다.

홍세화 선생은 방황했던 내게 '생각의 좌표'를 찍어 주고 나의 정신세계를 이끌어 주고 풍부하게 만들어 주었다. 재물 신은 나를 외면했지만, 인맥 신은 이런 분과 인연을 맺어 주었다.

그러나 2024년 4월 18일 전혀 상상하지 않은 일이 벌어졌다. 홍세화 선생이 돌아가셨다. 홍선생 권유로 시작한 나의 글쓰기는 비극으로 막을 내렸다. 홍선생은 내 책을 보지 못하고 돌아가셨다. 2월 말에 암 치료를 위해 병원과 자택을 오가는 홍 선생님에게 보낸 "책이 나왔는데 어디로 보내 드릴까요?"라는 문자에 "다 낫거든 보내 달라."라는 답신이 홍 선생의 마지막 말이었다. 나는 이때만 해도 홍 선생이 병상에서 훌훌 털고 일어나서 내 책을 보고 한마디 해 주실 것으로 생각했다.

정연택은 지리산이다. 넓은 품으로 많은 사람들을 품어 주는 산이다. 넓고 또 넓다. 뻘짓만 하는 나를 끝까지 믿어 주었다. 대학가 요제에서 '젊은 연인들'을 부른 서울대 트리오의 보컬이자, 진해에서 해병 간부 사관 훈련생으로 맺어진 정연택은 나 같은 충청도 촌놈에게는 스타와 같은 존재였다. 우리는 진해 훈련소에서 M1 총 분실 사건의 공범으로 곤욕을 치렀다. 구대장은 기합을 주기 위한 구실로 우리를 희생양으로 삼았다.

동해 바다를 바라보고 있는 설악산을 닮은 강경선, 정상까지 가는 길은 험한 산길이지만 정상에서 동해 바다를 보여 준다. 누가 알아주든 말든 역할을 다했다. 해병대 동기인 강경선은 곽노현의 교육감 선거후 공소시효 기간이 지난 후에 돈 심부름을 했다가 '사후매수죄'라는 누명을 쓰고 곤욕을 치렀다. 우리 동기들은 그가 절대 법을 위반할 사람이 아니라는 것을 알았지만 대법원까지 가서야 무죄로 밝혀졌다. 하지만 《세이노의 가르침》에서 강경선에 대한 잘못된 내용이 있어 이를 바로잡으려고 한다. 헌법학자로서 강경선은 양심에 어긋나는 불법 행동을 하지 않았다. 이 내용은 부록에서 자세히 밝히기로 한다.

이들은 내가 아는 우리나라의 최고의 '인정주의자(휴머니스트)'이다. 내가 지면을 통해 '이렇게 사는 사람도 있다'로 소개하는 이유이기도 하다. 홍세화 선생은 세계에서 가장 가난한 은행의 은행장이자 빨리 문을 닫기를 바라는 이상한 은행장이었다. 벌금을 못 내 구치소 가는 분들에게 벌금을 빌려주는 곳, 장발장 은행의 은행장으로서 사회적 약자를 위한 봉사를 한다. 하지만 은행장이라는 분이 대한민국에서 가장 작은 소형차를 타고 다녔다.

정연택은 교수로 재직할 때 형편이 어려운 학생들에게 돈을 빌려서 수업료를 대납해 주곤 했다. 초임 교수 시절 자신도 어려워 내게 학생 수업료를 부탁한 적도 있다. 이런 일을 내 주변에서 그 친구만 하는 줄 알았는데, 강경선도 방송통신대 재직 시절 보육원과 고아원 아이들에게 학비를 내 주었다는 것을 뒤늦게 알게 되었다. 그래서 정연택과 강경선은 초임 교수 시절 가난했다.

정연택은 길거리에서 헤매는 유기견만 보면 집으로 데리고 왔다. 유기견이 3마리로 불어나자 집에서 쫓겨나 꽤 오랫동안 서울 교외에 있는 그의 도자기 작업장에서 3마리 강아지와 같이 생활하기도 했다. 교수 정년퇴임 후 강화도 우리 동네로 이사 온 그가 유기견 한 마리를 키워 줄 것을 부탁해 내가 1년간 키우기도 했다. 그 유기견은 교통사고로 허리를 다쳐 그가 수술비로 수백만을 지불한 장애 유기견이다.

그러니까 사람은 끼리끼리 만난다고 했던가?

"좋은 사람을 사귀는 것은 행운을 부르는 비결 중 하나입니다. 수많은 사람을 지켜보며 '좋은 사람 주변에는 좋은 사람뿐'이고 '나쁜 사람 주변에는 나쁜 사람뿐'이라는 신기한 사실을 알게 되었습니다.

재판 의뢰인과 상대방도 그렇지만, 대부분 다툼 거리를 만드는 사람 중에는 타인을 위기에 빠트리거나 상처 입히면서 자신의 이득을 추구하는 '나쁜 사람'이 꼭 있습니다. 그런 사람 주변을 조사해 보면 역시 비슷한 유형의 나쁜 사람이 잇따라 등장합니다."[16]

월악산이 보이는 충주댐 근처 야산에서 복숭아 농장을 하며 자연인처럼 살고 있는 초등학교 친구 황의준은 월악산이다. 이 친구는 내가 37년 만에 다시 만난 초등학교 친구다. 37년 만에 '여보세요' 하는 전화기 속의 내 목소리를 듣고 바로 내 이름을 알아맞힌 친구

---

16) 나시나카 쓰토무, 《운을 읽는 변호사》, 알투스, 2017.

이다. 깜짝 놀랐다. 이상한 일은 37년 동안 내가 연락을 못하고 지낸 친구 중 이 친구가 제일 먼저 생각이 났다는 점이다. 하지만 황의준은 내가 서울에서 4학년에 전학 와서 실제로 나와 같이한 시간은 초등학교 2년 반 정도다. 그런데 지금 가장 가까이 있는 친구이다. '인연이란 이런 것인가 보다' 하고 생각하게 만드는 친구다.

형제가 13남매인 이 친구는 어쩔 수 없이 중학교 진학을 포기하고 생활 전선에 뛰어 들었다. 일찍 생활전선에 뛰어들어 13남매 실질적 가장이었던 이 친구도 누가 돈 부탁을 하면 거절을 못 한다. 그래서 그의 아내는 평생 저축은 생각도 못 했다고 했다. 누가 돈 부탁을 하면 마이너스 통장에서 보내 주었다고 했다. 나도 어려울 때 그에게 돈을 빌린 적이 있다.

함께 3 Peaks를 등정했던 친구는 성판사이다. 제대 후 그와 같이 설악산, 지리산, 치악산을 같이 올랐다. 우리는 3 봉우리를 24시간에 돌파하는 것이 아닌, 한 봉우리마다 24시간이 걸렸다. 여유롭게 등산을 하다 보니 주로 밤 등정을 했다. 그 친구도 충청도라 한참 느리다. 이 친구도 세상 사람들 잣대로 평가하면 이해가 안 되는 인물이다.

법무관 제대 후 판사로 근무하던 그는 지방에서 법원 지원장을 끝내고 서울로 복귀하여 평판사들이 하는 조정 업무를 했다. 퇴임 판사들이 전관예우라는 무기를 써먹기 위해 약발이 떨어지기 전에 바로 변호사 사무실에 취업하는 것과 달랐다. 성 판사는 파이낸셜 뉴스에 "서열 문화가 남아 있는 법조계에서 법원장 출신이 1심 단독 판사로 가는 것에 대한 시선이 부담스러웠다."라고 털어놨다. 주변에서도 소위 전관 변호사가 되는 게 좋지 않겠느냐고 했다.

그러나 그는 "법관으로서 소명은 중요한 가치인데 전관 변호사는 결국 인간관계를 이용해 돈을 버는 게 아닌가. 귀한 관계가 비즈니스로 전락하는 것을 원치 않았다. 내가 쌓은 법률 실력으로 국민에게 봉사하고 싶다."라고 설명했다.

내가 아는 이분들은 돈이 주인 행세를 하는 세상에서 이해가 힘든 사람들이다. 세속의 잣대로 이들을 평가할 수 없다. 내가 아는 대한민국 최고의 인정 주의자, 휴머니스트이다.

영국의 일간지인 《가디언》이 20세기 영국 최고 소설로 선정한 《미들마치》를 쓴 작가 조지 엘리엇(본명 메리 앤 에반스)은 이 소설의 마지막 문장에서 이렇게 말했다.

"우리가 더 나쁜 세상에서 살 수도 있었을 텐데 그렇지 않은 이유 절반은 드러나지 않는 삶을 충실하게 살다가 지금은 아무도 찾지 않는 무덤에서 잠든 이들 덕분이다."[17]

---

17) 조지 엘리엇, 《미들마치》, 지식을만드는지식, 2011.

내가 아는 그들이 바로 이들이다. 아직 살아 있다. 이런 사람들 덕분에 그래도 대한민국이 이 정도 유지되고 있다.

차라리 몰랐으면 좋았을 인연도 있다. 2011년 9월부터 2013년 2월까지 청와대 대통령 홍보수석을 지낸 군 후배다. 후배는 내가 전혀 상상조차 해 본 적 없는 이명박 나팔수가 되었다. 그와 관련된 기사를 검색해 보았다. 노무현 대통령 관련 '피아제 시계 사건'을 김기춘 지시를 받고 조작한 의혹이 있다고 검색에 나타난다.

처음에는 긴가민가했다. 기자로 입사하여 보도본부 본부장까지 지냈던 그가 내가 알던 그 친구가 맞나? 생각할 정도로 충격이 컸다. 그는 군 후배 중 가장 친하게 지낸 사람이었다. 제대해서도 바쁜 기자 생활 중에도 내 사업을 위해 자기 매형을 소개해 주던 착하디착한 사람이었다. 이 착하디착한 이 친구가 어느 날 갑자기 악하디악한 이명박 나팔수가 되었다. 알았던 사람 중에서 결이 약간 다르지만 아픈 추억이다. 내가 가장 멀리하고 싶은 사람, 저세상에 가서도 절대 만나고 싶지 않은 사람, 이명박 나팔수가 되다니.

이명박은 그룹 체육 대회에서 우리 테니스 게임을 방해한 자다. 나는 당시 회사 테니스 대표 선수로 경기에 열중하고 있었는데 갑자기 나타난 그는 고압적인 태도로 내 라켓을 달라고 하더니 마구 휘둘렀다. 신입 사원이었던 나는 그 작자가 누구인지도 모르고 속으로 참 4가지가 없다고 생각했는데 현대건설 사장이었던 이명박이었다. 그때부터 난 원조 안티 MB가 되었다. 대통령이 된 그와 반MB가 된 나는 같은 현대 경리 출신이다.

내가 한때 좋아했던 두 사람, 노무현과 홍보 수석 후배, '피아제 시계 사건'으로 대척점에 서 있었던 두 사람. '시간이 그들을 물들게 했을까?', '세월이 그들을 철들게 한 것일까?' 인맥이란 이렇게 차라리 몰랐으면 좋았을 사람까지 맥으로 이어 준다.

금전적 피해를 본 악연도 있다. 친구 부친 간병 일을 하던 중국 교포를 알게 된 덕택이다. 친구 부친은 국회의원에 총리까지 지낸 분이었다. 꽌시(관계, 인맥)라는 것이 중요한 중국에서 총리 아들 친구인 나는 이미 접수가 끝난 중국 북경 어언 대학에 입학했다. 물론 CCTV 기자이던 그 교포 동생 도움을 받았다. 거기까지는 괜찮았다.

하지만 여자 친구를 빨리 데려오기 위해 그분이 소개한 교포를 만나 사업을 하기로 몇 차례 만남을 가졌다. 그러나 서두르다 보니 일이 꼬이고 말았다. 중국에서 먼저 사업을 했던 한국 사업가에게 수없이 들었던 이야기 '이러한 경우 사업은 포기해야 한다'라는 조언을 그대로 실행했다. 사업을 해 보지도 못하고 포기해야 했다. 이런 사람과 같이하면 안 될 것 같아 그때까지 투자한 돈을 포기하고 접었다. 이처럼 쓸데없이 사람 많이 알면 손해 볼 일도 생긴다.

3장
오른쪽 날개로만 나는 것은 모두 추락한다

'부산 돌려차기'의 피해자인 김진주가 잘못된 사법 체계와 싸워 온 경험을 쓴 《싸울게요, 안 죽었으니까》에서 "이런 일을 겪고 나니 다시는 평범해질 수 없어서 때론 평범함이 부럽기도 하다. 그래서 자신이 평범하다고 느낀다면 그마저도 성공한 것이라고 얘기해 주고 싶다."라고 썼다.

헬조선을 탈출하지 않고, 자살하지 않고, 가늘고 길게 평범하게 산다는 일이 쉬운 일이 아니다. 대한민국에서 평범한 사람으로 살기 위해서는 그에 걸맞은 환경이 필요하다. 먼저 판부터 갈아야 한다.

"우리 국민들은 50년 동안 사용한 썩은 판을 갈아야 합니다. 50년 동안 같은 판에다 삼겹살 구워 먹으면 고기가 시커메집니다. 판을 갈 때가 왔습니다."[18]

대한민국에서 개돼지가 아닌, 사람으로 사람답게 살기 위해서는 가장 먼저 지배 세력의 공고한 불판을 갈아야 한다. 판을 갈지 못하면 우리는 진보와 보수 양 지배 세력에 사육되어 계속 세계 최고 자살률과 세계 최저 출산율로 세계에서 가장 우울한 국가에서 노예처럼 살게 될 것이다.

---

18) 이광호, 《노회찬 평전》, 사회평론아카데미, 2023.

돈평등의 나라에서 살림살이 나아졌습니까?

권영길이 2002년 대선후보 TV 토론회에서 "살림살이 좀 나아지셨습니까?"라고 한 말이 유행했던 적이 있었다. 20년이 지난 지금, 국민소득 3만 불 시대에서 다시 한번 묻는다. 세계화, 신자유주의로 이어지는 새로운 물결 속에서 경제적인 혜택을 좀 보셨는가? 살림살이 좀 나아지셨는가?

우리 부모 세대는 홀벌이를 해서 풍족하지도 않더라도 그럭저럭 살아 냈다. 그런데 지금은? 홀벌이를 해서는 어림없다. 입에 풀칠하기 바쁘다. 왜 이렇게 되었는지 궁금하지 않은가? 혹시 20년 전에는 홀벌이 하던 때라 혹시 맞벌이하면 형편이 나아지지 않을까 기대했을까? 과연 기대대로 형편이 나아졌을까?

아니다! 살림살이는 더 빡빡해지고 양극화는 더 심해졌다. 이상하지 않은가? 지금은 맞벌이를 해야 간신히 먹고살고, 아이들을 교육시킬 수 있다. 우리나라가 빈부 격차가 가장 적고 중산층이 많았던 시절이 1997년도 IMF 직전이다.

90년대 중반, 중국 산동성 위해 산동대학 교수 아파트에 1년간 머문 적이 있었다. 캠퍼스 안에 교수 아파트가 있었다. 그때 중국의 국민소득 3천 불이던 시절 교수 월급은 한국 돈 30만 원이었다. 중국에서 교수나 의사는 한국처럼 소득 수준이 높은 사람들이 아니었지만 그들은 그 월급 가지고 잘 살았다. 왜냐하면 그들은 월세나 은행 상환 등의 주거비, 교육비 부담이 거의 없기 때문이다.

미국은 1인당 국민소득이 8만 달러이다. 마이클 무어 감독 영화 〈식코〉는 국민소득이 얼마나 허망한지 보여 준다. 이 영화에는 손가락 두 개가 잘린 환자에게 보험회사가 어느 손가락을 살리고 싶은지 묻는 장면이 나온다. 중지를 살리는 값은 6만 달러이고, 그나마 검지는 좀 나은 편으로 1만 2천 달러라면서, 신자유주의가 만개한 미국의 보건산업이 얼마나 돈의 노예가 되었는지 보여 준다. 국민소득이 국민 복지와 얼마나 관계가 없는지 알려 준다.

기회와 자유의 땅이라는 미국에서 자유를 살 능력이 없는 사람들이 선택할 수 있는 것은 거의 없다. 손가락만 문제가 아니다. 돈이 없는 사람이 사고로 중상을 입었다면 스스로 자신의 목숨을 끊는 것 외에는 방법이 없다.

"미국은 구매력 평가 기준으로 세계에서 가장 높은 평균 소득을 기록한 나라임에도 평균 수명과 유아 사망률 같은 보건 지수는 세계 30위에 불과하다. 1인당 평균으로 보았을 때 미국 교도소 재소자 수는 유럽의 8배, 일본의 12배나 될 정도로 범죄율이 높아 최빈곤층이 다른 선진국에 비해 훨씬 많다는 것을 짐작할 수 있다. 이 나라 높은 생활수준이 수많은 가난한 사람들의 희생 위에 세워진 것이라는 반증이다. 1989~2006 상위 1%가 총소득 증가율의 59%를 가져갔다. 10%는 총소득 증가율의 91%를 차지했다."[19]

독자 여러분은 미국과 중국, 어디에서 살고 싶은가? 아니면 국민소득 3만 달러 나라지만 좀비들이 들끓는 한국에서 살고 싶은가? 국민소득 1만 불, 2만 불, 3만 불은 숫자에 불과하다. 3만 불은 명목 소득일 뿐이다. 내 소득이 아니다. 내가 명목 소득 3만 불 중에 주거비로 만 불, 교육비로 만 불을 매월 고정적으로 지출해야 한다면 내 소득은 얼마일까? 이 경우 내 개인적인 소득은 만 불이다. 1995년 우리 1인당 국민소득이 만 달러다. 브라질과 도미니카 공화국과 같은 수준이다. 중국도 만 이천 불이다. 주거비와 교육비에서 자유로운 한국인은 없다. 주거 관련 비용과 교육비를 뺀 나머지 만 불로 생활비로 다 써 버린다면 내 미래를 위해 쓸 돈은 남아 있지 않다. 그래서 내 미래 소득은 0이다.

등록금 대출이 남아 있는 청년은 개인 소득이 마이너스이다. 대학을 갓 졸업한 청년의 대출금은 평균 3천만 원이 넘는다. 이 청년은 소득이 마이너스 3만 불이 조금 안 되는 금액이다.

만약 명목 소득 3만 불을 비용 지출이 거의 없는 실질소득으로

---

19) 장하준, 《그들이 말하지 않는 23가지》, 부키, 2010.

하고 싶다면 방법은 있다. 집세 지불과 은행 상환이 필요 없는 방법을 찾으면 된다. 싱가포르와 네덜란드와 같은 국가는 성인이 되면 자기가 버는 돈으로 자기 집을 가질 수 있도록 도와준다. 우리는? 지배 세력은 보수 정권, 진보 정권 가리지 않고 투기를 조장하고 그 결과로 성장의 열매를 따 먹었다. 그리고 경제가 성장했다고 과장한다.

무늬만 진보인, 문재인 정부 가장 큰 실책은 가난한 자 소득이 부자에게 이전된 부동산 정책 실패이다. 노무현 정부에 이어 문재인 정부에서도 서민 실질소득을 감소시키는 중대한 실수를 했다. 문재인 정권 부동산 정책 기획자가 고액의 부동산 보유자, 건물주, 다주택자 아닌가 의심된다.

우리나라는 '돈평등의 나라'이다. 돈이 평등하다는 얘긴 물론 아니다. 세계 어느 나라를 가도 우리처럼 눈만 뜨면 돈돈돈 하는 나라도 없고, 평평평(주거 평수) 하는 나라도 없고, 등등등(아이 등수) 하는 나라도 없다는 얘기다. 참 경박하기 짝이 없다. 경박함도 세계 1위다. 경박함의 출발은 IMF 혼란에 빠진 국민을 기만하는 "부자 되세요."라는 광고였다.

부자가 된 사람이 있긴 하다. 지배세력 1%와 그들에게 추종하는 19% 떨거지들이다. 우리나라 불평등은 자본주의로 무장한 전 세계 국가 중 불평등 지수도 타의 추종을 불허하는 최고 수준이다.

'돈평등'과 '불평등' 이 두 가지 키워드는 지금 혼란에 빠진 대한민국의 현실을 그대로 보여 준다.

삼성은 3류, 공교육, 서울대, 조중동은 4류, 정치인은 5류다

삼성 이건희가 1995년 중국 베이징에서 "우리나라 정치는 4류, 관료와 행정조직은 3류, 기업은 2류다."라고 말했다. 지금 정치인 수준은 그때보다 한 단계 더 하락하여 5류 수준이다. 3류 자리는 삼성이 차지한다. 삼성이 왜 3류인지 궁금하면 김용철이 쓴 《삼성을 생각한다》를 보면 된다. 그 책에 답이 나와 있다. 설마 삼성이 이렇게 악랄한 기업인지는 이 책을 보기 전에는 몰랐다. 취업을 미끼로 나를 기만한 삼성생명을 통해 삼성이 어떤 회사인지는 대강 알았지만 이 정도인지는 몰랐다.

"2000년부터 17년 8개월간 창문이나 환풍기 하나도 없는 삼성전자 반도체. LCD 공정 연구원으로 일했던 최진경 씨는 5년간의 유방암 투병 끝에 숨졌다. 그곳에는 안전교육도 매뉴얼도 없었다. 그녀가 일했던 생산 라인은 그녀가 퇴사하기 전에 사라졌다. 죽기 전에 산재로 인정받기를 원했던 그녀는 이제 세상에 없다."[20]

"2004년 열린우리당 3선 의원이 미국과 삼성은 건드리지 마라, 한국에서 정치하려면, 정치 수명을 길게 누리고 싶으면 그 둘을 건드리지 말라고 말했다. 이후 노회찬은 '나는

---

20) 월간 《작은책》, 2023년 12월 호

그 두 가지를 건드리면 되겠구나'라고 생각했다. 2004년 미국을 건드렸고 이어 2005년 삼성을 건드렸으니 의도한 것은 아니었지만 생각대로 이룬 셈이 되었다."[21]

이렇듯 3선 의원은 물론 대통령도 삼성 앞에만 서면 작아진다. 대통령은 5년짜리 권력이지만 삼성은 영원한 권력이기 때문이다. 5년짜리가 영원한 권력을 이길 수 없다. 강한 자만이 살아남는 자본주의 정글에서 최상위 포식자인 삼성이 심하게 비도덕적이다. 세계 일류 상품을 가지고 있는 삼성을 비난하지 말라고? 삼성이 망하면 어떡하냐고? 독자님 걱정이나 먼저 하시기 바란다. 삼성을 걱정할 정도로 많이 벌어 놓으셨는가? 사회적 약자를 위해 기부하면 나중에 천국에 가실 수 있다.

7년 연속 세계에서 가장 행복지수가 높은 나라는 북유럽 핀란드다. 10여 년 전까지 핀란드 휴대폰 회사 '노키아'는 전 세계 휴대폰 시장을 석권했다. 노키아가 시대 흐름을 따라가지 못하고 경쟁에서 밀려 사세가 많이 쪼그라들었지만 노키아 쇠퇴와 상관없이 아직도 핀란드는 8년째 세계에서 가장 행복한 나라 1위이다. 국민 생활에는 변화가 없다. 제대로 된 나라라면 이렇게 국민 기업이 사라져도 아무런 지장이 없는 것이 정상이다. 오히려 노키아의 공백을 스타트업이 메웠다. 노키아는 한때 핀란드 전체 법인세 중 20% 넘게 납부하는 대단한 회사였다. 싱가포르와 같은 도시국가와 비교

---

21) 이광호, 《노회찬 평전》, 사회평론아카데미, 2023.

하여 법인세가 높다고 삼성이 딴 나라로 이전할지도 모른다고 겁박하는 곳은 언론사이다. 삼성 광고가 그들의 주 수입원이기 때문이다. 언론사의 부화뇌동에 휘둘리지 말아야 하는 이유다.

삼성이 일류상품을 더 많이 가지고 있을수록 더 비도덕적인 기업이 된다. 옛날 80년대에는 삼성이 이 정도로 건방지지 않았다. '반도체가 세상을 바꾼다'더니 삼성 심성부터 바꿨다. 자고로 반도체 등 첨단 제품과 거리가 먼 나라일수록 국민 행복지수는 세계 최고 수준이다.

세계적 첨단 제품을 가진 대한민국 사람들 얼굴을 봐라. 근심이 가득하거나 잔뜩 화난 얼굴이다. 가슴속에 '화'가 가득하다. TV 속에서 본 행복 지수가 높은 개발 도상국가 사람들 얼굴을 봐라! 항상 웃는 얼굴이다. 많은 기업이 삼성의 못된 짓을 따라 하고 있다. 삼성이 한국 기업인 수준을 3류로 만들었다. 가진 자에게 윤리나 도덕적 가치는 무거운 갑옷과 같다. 벗어던져 버렸다. 기가 막힌 것은 이런 비윤리적인 회사들이 한국 땅에서 망하지 않고 성장하고 있다는 사실이다. 국민 수준을 알 수 있다.

4류는 공교육이다. 한국 공교육은 좀비가 되거나 머슴이 되거나 둘 중 하나로 만들어 사회로 내보내는 시스템이다. 사람이 사는 세상을 만들기 위한 교육과 거리가 있다. 묻지 마 칼부림을 막기 위해 도심에 배치한 경찰청 장갑차로 이런 좀비를 막아 내지 못

한다. 직업계 고등학생이 재학 중 기업에서 일정 기간 일하도록 강제한 현장 실습이 기업의 값싼 노동력 대체 수단이 되고 있다. 특성화고에 다니는 청소년이 실습 나가 끼임 사고나 추락 사고로 생을 마감한다.

2017년 1월 특성화고 3학년 홍 모 양이 저수지에 몸을 던져 스스로 목숨을 끊었다. LG유플러스 콜센터에서 현장실습생으로 일하던 홍 양은 서비스 해지 고객을 설득하는 '해지방어팀'에서 근무 중이었다. 고객들의 불만을 집중적으로 대응하는 업무를 고3 실습생이 담당했다. 이처럼 졸업을 앞두고 '현장실습'이라는 이름으로 마구잡이 취업에 내몰린 고등학생들이 스스로 목숨을 끊는 일이 계속되고 있다. 열악한 근무환경과 노동착취에 내몰리는 특성화고 학생들의 죽음이 계속되고 있으며 일하다 죽는 재해 사망 건수도 20년 넘게 계속 세계 1위를 유지하고 있다.

이런 엉터리 공교육을 조장하고 방기하는 교육 관련 종사자들 모두 4류다. 교육부, 교육청, 대학교수, 이런 공교육을 방기하고 유지하는 5060교사 모두 포함, 계층을 가리지 않는 거대한 카르텔이다. 카르텔에 속하지 못하는 MZ세대 교사의 자살이 끊이지 않는다. 한국에서는 교사들에게 정치 행위를 금지하고 있다. 정치적 시민권이 없다.

독일 연방의회 700명 중 81명이 교사이고 핀란드는 국회의원의

20% 정도가 현직 교사이다. 우리는 교사 출신 국회의원이 2명이다. 1%도 안 된다. 학교에서 먼저 민주주의가 일어나야 한다. 교사들이 정치 행위를 금지하는 것을 받아들이면 계속 4류로 남을 것이다. 초임 교사들을 자살로 몰아넣는 살인적인 경쟁 교육을 '더불어 같이 사는 교육'으로 바꿔야 한다. 선거 판세를 바꿀 수 있는 50만이다. 교사의 '규모의 경제'로 판을 바꿀 수 있다. 먼저 양당 체제를 뜯어고쳐야 교육을 바꿀 수 있다. 양당 정치 타파는 모든 개혁의 필수 조건이다.

"저항을 배우지 못한 사람은 정말 복종해야 할 권위에 대해 복종할 줄 몰라요. 힘 있는 자 앞에서 공손함이나 비굴함을 예의라고 배운 사람은 자기가 권력관계에서 상위에 설 때는 가차 없이 무례해지는 거지요."[22]

대한민국은 서울대에 의한 서울대를 위한 나라이다 2022년 5월 16일까지 실시된 차관급 이상, 대통령실 비서관급 이상 등 주요 인사 111명의 신상을 보면 서울대 출신이 46%이다. 2024년 '국민의 힘' 대표에 출마한 후보자 4명 모두 서울대 출신이다. 윤석열의 탄핵심판을 진행하는 헌법재판소의 8명의 헌법 재판관 중 7명이 윤석열과 같은 서울대 출신이다.

한 대학 출신이 한 나라의 행정, 입법과 사법부를 좌지우지하는

---

[22] 김상봉,《네가 나라다》, 길, 2017.

나라는 세계적으로 눈을 씻고 봐도 없다. '일등'과 '최고'만 좋아하는 국민이 만들어 낸 작품이다. 이제는 전선을 이동시켜야 한다. 보수와 진보 지배 세력 대리전쟁을 멈추고 서울대 출신이 대거 포진한 지배 세력에 대항해야 한다.

4류 원조는 뭐니 뭐니 해도 조중동이다. 기자가 기사가 아닌 소설을 써서 법원에서 정정보도 내도록 하는 판결이 났다. 부록 '강경선'의 이야기에서 그들이 왜 4류인지 설명했다. 거짓 기사도 모자라 기사에 같이 등장한 멀쩡한 강경선의 얼굴 사진을 엉망으로 만들어 기사에 첨부했다. 지금 양쪽 진영으로 갈려 자기 진영을 위해 온갖 거짓, 궤변, 막말을 일삼는 논객이나 유튜브, 방송의 원조는 바로 조중동 그들이다.

서울대, 삼성과 조중동은 한국 5류 정치를 떠받치고 있는 삼각축이다. 이들을 빼놓고 한국 정치를 얘기할 수 없다. 5류 정치가 계속된다면 어떻게 될까? 지금 나타나고 있다. 불평등으로 인한 사회 불안 현상이 계속되고 있다. 자살, SNS를 통한 사회적 타살, 묻지 마 칼부림, 토막 살인, 강간 살인, 차량 돌진 살인, 온갖 방법이 동원된다. 범인이 대부분 2030세대이다. 공부에 지쳐 자살한 청소년은 집계도 안 되고 있다. 우리의 미래가 이렇게 변하고 있다. 이대로 계속 갈 것인가?

거대 양당 카르텔의 불판을 바꿔 줘야 한다

'바꿔'는 이정현의 히트곡이다. 내가 이 노래를 기억하는 것은 투표 철만 되면 정치꾼들이 길거리에서 이 노래를 틀어 놓고 길가는 사람에게 표를 달라고 구걸했던 기억 때문이다. 그들은 상대당 후보자를 바꾸어야 할 정치 세력으로 규정했다. 그래서 "바꿔 바꿔"로 엄청난 소음과 함께 행인들에게 표를 애걸했다. 바꿔어야 할 대상이 상대방을 바꾸자고 "바꿔 바꿔" 외치고 있었다.

지금 벌어지고 있는 양당 진흙탕 싸움을 보고 어떤 생각이 드는가? 혹시 싸움을 말리고 싶지 않은가? 방법이 있다. 아주 간단하다. 피 묻힐 필요가 없다! 광화문에 모일 필요도 없다. 정치인이 제일 두려워하는 무기를 쓰면 된다. 바꾸면 된다. 양당 대신 소수당에 표를 주면 된다. 빈부격차, 남녀노소 따지지 않고 평등하게 주어진 한 표는 서민에게는 돈으로 따질 수 없는 마법의 보물 상자이다. 내 한 표를 보물단지 모시듯 해야 한다. 100년 전에는 일반 민중에게는 투표권이 없었다. 서양의 선진국들도 투표권을 획득하기 위해 피나는 노력을 했다.

[덧붙임]

17세기 영국에서 사유재산을 갖고 있지 않은, 토지를 가지고 있지 않은 사람에게 선거권을 준다면 그들은 압도적 과반수가 되기 때문에 당연히 정치권력을 통해서 사유재산을 평등화하려고 할 것이다. 즉 우리의 토지를 빼앗고 말 것이라는 공포가 있었던 것이다. 그때부터 2세기가 지난 19세기 전반에 이르러 지주나 사유재산이 있는 사람에게만 주어졌던 참정권 제한이 없어지기 시작하여 200년 동안의 교육의 결과로 이제는 토지를 소유하지 않은 사람이 정치권력을 가져도 재산의 평등화를 시도하지 않을 것이라는 자신이 붙었다.

'경제적 자유'가 없는 세상은 군부 독재에서 피땀으로 어렵게 얻은 '정치적 자유'마저 무용지물로 만든다. 이제는 우리 소중한 한 표를 '경제적 자유'를 위해 활용해야 한다. 우리는 선거철만 되면 소중한 한 표를 대형 마트에서 물건 구매하듯 대형 정당에 소비했다. 무심했다. 정치인은 '나쁜 놈'과 '더 나쁜 놈' 두 가지 종류가 있다. 이들은 거대 양당에 골고루 포진해 있다. 우리는 선거를 통해 나쁜 놈과 더 나쁜 놈에게 번갈아 권력을 위임했다.

그동안 '나쁜 놈'과 '더 나쁜 놈'의 거대 양당은 우리를 '사표'라는 거대한 틀 속에 가두었다. 무소속이나 소수당에 투표하면 사표, 죽는 표가 된다는 논리로 표를 나누어 가졌다. 그 결과, '나쁜 놈'과 '더 나쁜 놈' 누가 정권을 잡아도 차이가 없다. 양극화는 더 심해지고 세계 1위의 저출산과 자살률도 변함이 없다. 살림은 나아지지 않았고 우리가 권력을 위임한 자들에게 버려졌다.

나 역시 내 표가 사표가 되는 것이 두려워 10여 년 전까지 계속 덜 나쁜 놈들에게 표를 주었던 것이 사실이다. 많은 사람들이 사표의 두려움으로 양당에 투표했다. 매번 표를 주고 팽 당하고, 표 주고 팽 당하고, 수십 년 동안 양당에 표를 몰아주고 팽 당하면서 살아왔다. 거대 양당에는 국민과 소수자 슬픔을 보듬어 주고 보통 사람이 행복하게 사는 나라를 만들어 줄 정치인이 없다.

유권자 대부분 저쪽이 싫어 이쪽을 찍었다고 했다. 하지만 이제는 이쪽저쪽, 양쪽을 다 포기해야 한다. 그동안 많이 찍어 줬으니 됐다! 무소속이나 소수당을 찍어 다당제를 만들어야 한다. 내가 지지하는 정당이 의석에 반영되는 연동형 선거제도로 바꿔야 한다. 다수당을 만들지 못하면 희망이 없다. 이를 위해서 지금의 소선거제를 중, 대선거구제로 바꾸는 작업을 먼저 해야 한다. 그래야 가능한 일이기 때문이다.

그러나 무소속이나 소수당도 사람을 가려 찍을 일이다. 지연, 학연, 지나치게 지역과 인연을 강조하는 후보나 '낙후 지역을 개발하겠다', '공단을 유치하겠다', '예산을 많이 따 오겠다'는 토건족보다는 상생과 협력, 약자나 취약계층을 위해 일하겠다는 사람, 기후 위기를 진짜 위기로 느끼는 후보를 뽑아야 한다. 특히 4대강 개발, 새만금과 같은 갯벌을 매립하고 용수 부족이라는 거짓 정보로 댐을 만들자고 하거나 국립공원에 케이블카를 만들겠다는 사람은 뽑으면 안 된다. 미국에서는 오히려 댐을 파괴하고 원상으로 회복하여 자연으로 되돌려놓고 있다. 갯벌은 온실가스를 줄이고 어민들에게 많은 소득을 남겨 주는 금싸라기 땅이다. 이런 사업은 자연을 파괴하고 어민 소득을 토목 카르텔에게 부를 이전시키는 반서민 행위이다.

양당 정치인에게 정치는 옛날에 누리던 권력을 다시 연장하는 도구이지, 국민 행복을 설계하는 수단이 아니다. 하지만 평소 적대적인 양당 정치인들도 세계 최고 수준인 자신들의 세비 등 자신의 이권에는 우호적인 모습으로 변하기도 한다. 이런 양당의 철따구니 없는 정치인들을 바꿔 줘야 한다.

올해 교육, 의료, 고용 등 노동자 등 약자를 위한 예산은 삭감하면서 군비와 전쟁 지원은 늘렸다. 나라살림 연구소 정창수 소장은 "나라살림연구소에서 법인세 감세 관련 추계를 해 보니 삼성 3,800억 원, SK 1,300억 원, 포스코 600억 원, LG화학 300억 원 등 6개 대기업이 6,000억 원 가깝게 감세 효과를 봤다."라고 했다. 2024년 기준 국세 감면액은 71조 원으로, 2021년(57조 원)과 견줘 14조 원이 늘었다. 결국 2024년 조세 부담률은 17.7%로 예상되며 10년 전 수준으로 되돌아갔다. 2022년 OECD 평균 조세 부담률 25.2%에 비해서도 상당히 낮은 부담률이다.

윤석열 정부는 가진 자의 세금 부담을 줄여 주는 대신 서민에게는 허리띠를 졸라 매라고 채근하고 있다. 서민들은 허리가 끊어져 없어질 지경이다. 우크라이나 관련 예산은 629억 원에서 내년 5,200억 원으로 8배 이상으로 증액됐으며 F-15K 성능 향상 등 공격 무기 체계인 3축 체계 고도화 예산이 1조 원 넘게 증가했다. (6조 1,257억 원에서 7조 1,567억 원으로 증가했다.) 사회적 경제 지원 규모의 예산이 고스란히 우크라이나 전쟁 지원, 포탄 지원 예산 등으로 넘어 간 꼴이다. 왜 그랬을까, 미국의 지시인가 아니면 자발적 복종인가?

세금 감면으로 자본에 충성하는 것도 모자랐을까? 윤석열 정권은 민생을 팽개치고 흘러간 옛 노래를 불러 댔다. 철 지난 빨갱이 마케팅을 펼쳤으나 강서구 재보선 선거에서 참패를 하자 잠시 중단했다가 계엄 사태를 맞아 되살려 냈다. 그러니까 있지도 않은 빨갱이는 죽었다 살아나기를 반복하는 셈이다. 논리적인 반박이 불가능할 때 우리 앞에 불쑥 나타났다가 사라지곤 한다. 당의 상징이 빨간색인 정당이 빨간색을 혐오한다는 것은 그들이 얼마나 이중성을 가진 정당인지 보여 준다.

우리는 이런 철딱서니 없는 것들을 '철 지난 사람'으로 만들어 줘야 한다. 이제 먹고살 만한 사람은 그대로 계속 기존 양대 정당에 표를 주시고, 그렇지 않은 대다수의 80%의 개돼지(교육부 국장이 한 말이다)들은 무소속과 소수당에 표를 주어 다당제를 만들어야 한다.

그러나 무소속과 소수당은 만능 칼이 아니다. 단지 필요조건일 뿐이다. 새 정치를 위해서는 먼저 필요조건을 만든 다음 충분조건을 채워 넣어야 한다. 우리는 이들 정치인들을 떠받드는 것이 아니라 부려 먹을 생각을 해야 한다. 끌려가기보다 끌고 가야 한다. 앵무새처럼 '공정'을 외치는 사람이 아니라, '불평등'을 해소하고 '돈평등' 세상이 아니라 예술과 문화, 철학 등 담론을 펼칠 만한 사람들로 채워야 한다. 함량 미달 거대 양당의 철딱서니 없는 정치인들을 먼저 정리하지 않으면 사회에서 고립된 '준'과 같은 사회적 약자와 취약계층은 계속 고립되든가 아니면 이들 지배 세력의 노예가 된다.

네덜란드 2023년 총선에서 29개 정당들 중에 15개 정당이 1명 이상 의원을 배출했다. 물론 네덜란드에도 큰 정당들 빅4가 있지만 네덜란드 하원 총 의석수는 150석인데, 지난 100년간 과반 76석을 차지하는 정당은 존재하지 않았다. 네덜란드에 비하면 거대 양당이 의회를 독식하는 우리나라는 정상적인 의회로 보이지 않는다.

"다양한 종들이 각자의 존재를 과시하며 자연계 아름다움을 만들어가는 것과 마찬가지로, 소수의 지지를 받는 정당들도 우리 사회의 정치적 역량과 상상력, 민주적 실천을 다

채롭고 풍부하게 만드는 정치적 자산이다. 자연계에서 다
양한 종의 보존이 중요하듯이 민주 사회에서 다양한 생각
의 보존 또한 중요한 것이다. 따라서 우리 민주주의가 성장
하기 위해서는 다수라는 수적 우위와 보편적 정서라는 이
름으로 포장된 주류적 사고로 인해 소수의 생각이 주눅 들
어 사멸하지 않도록 해주어야 한다."[23]

미래학자인 유발 하라리는 "우리가 투표할 때 합리적인 판단을
내리고 표를 던지는 것 같지만, 실상은 직관적으로 가장 덜 혐오
스러운 느낌을 주는 사람을 선택하는 행위일 뿐이다."라면서 민주
주의 위기를 경고한 바 있다. 다른 나라도 마찬가지 '덜 나쁜 놈'을
뽑는다는 얘기이다.

2023년 상반기 3명의 아까운 청춘이 차 안에서 연탄불에 의지해
무지개다리를 건넜다. 그들 스스로 유일하게 할 수 있는 일은 자기
목숨을 끊는 일이다. 이 무지개 청년들은 그동안 누구에게 투표했
을까? 고립되어 외롭게 살다가 한창나이에 자기 목숨을 거두어 버
린 수많은 죽음, 조카 준을 비롯한 고립 청년들, 본의 아니게 취약
계층으로 내 몰린 사람들, 그들은 그동안 누구에게 표를 주었을까?

자의로 혹은 타의로 목숨을 잃은 사람은 내 삶을 바꿀 유일한 무
기, 부자나 빈자나 공평하게 주어진 투표권을 허무하게 허공에 날

---

23) 김이수 헌법 재판관의 결정

려 버리고 무지개다리를 건넜다. 미래세대는 계속 거대 양당에 투표하면서 계속 무지개다리를 건널 것이고, 인구 소멸을 재촉하게 될 것이다.

내가 구독하는 《작은책》에서는 매월 수많은 억울한 사연들이 올라온다. 그들이 그렇게 억울한 일을 당하기 전 누구에게 투표했을까? 세월호나 이태원 사고로 숨진 분들을 포함하여 수많은 험한 일을 당한 분들은 그동안 누구에게 표를 주셨는지? 또 미래에 이런 험한 일을 당할지도 모르는 사람들에게 묻는다. 그동안 거대 양당에 표를 몰아주었는데 내가 만약 험한 일을 당하게 되고 국가가 나 몰라라 할 때 후회 안 할 자신이 있는지? 후회 안 할 자신이 없다면, 어차피 후회할 거면 무소속 소수당을 밀어주고 덜 서운한 것이 낫다.

지난 2022년 5월 16일까지 실시된 윤석열 정권의 차관급 이상, 대통령실 비서관급 이상 등 주요 인사 111명 신상을 보면 6명만이 여성이다. 핀란드는 국회의원의 40%가 여성이다. 세계에서 가장 여성이 불평등한 나라, 대한민국에 사는 여성 유권자에게 묻는다. 이런 후진 정치 체제를 이대로 둘 것인가?

이런 후진 정치체제를 개선할 수 있는 방법은 있다. 고대 그리스처럼 제비뽑기로 정치인을 뽑으면 된다. 그러면 나쁜 놈과 더 나쁜 놈이 정치 대표가 되어 거들먹거리는 것을 방지할 수 있다. 제비뽑기로 여성을 대거 참여하도록 하고 중요 직책에 여성들이 중용될 수 있다.

옛날 그리스에서 대표를 선출할 때는 제비뽑기로 하거나 시민이 직접 정치의 선택에 참가하는 것이 민주주의라고 생각해 왔다. 시민이라면 누구라도 선출될 가능성이 있어 누구나 마음을 준비를 하고, 뽑힌 사람은 뻐길 이유가 없어 겸손해지고 같은 사람이 계속 뽑힐 가능성이 없어 타락할 가능성이 적다. 그러면 현재 눈이 뜨이는 사람, 유명한 사람, 가장 돈이 많은 사람이 대표가 되는 것을 막을 수 있다.

속성과 관성의 정치를 벗어나라!

'속성'은 사물의 특징이나 성질을 가리키는 말이고 '관성'은 물체가 원래 상태를 유지하려는 성질이다. 우리가 속성이란 단어를 가장 많이 접하는 곳은 컴퓨터다. 컴퓨터 속성을 들여다보면 내 컴퓨터 사양을 알 수 있다.

정치를 마켓, 시장 관점에서 정치인 속성을 들여다보면 거대 양당, 국민의 힘이나 민주당 정치인 속성이 거의 같다. 속성이 같지 않지 않으면 그 바닥에서 버텨 내지 못한다. 이들 양당 정치인 속성은 국민을 위해서 일하는 정치가 아니다. 다음 공천을 받기 위해 일한다. 그러니 자기 정치를 하지 못한다. 말로는 국민을 위한 머슴이라고 말하고, 주인님을 위해 일하는 머슴으로 변신한다. 변신의 귀재들이다. 변신 과정에서 말 바꿈과 거짓말은 예삿일이 된다.

정치를 소비하는 소비자인 국민은 늘 '관성의 법칙'을 따른다. 늘 하던 대로 원래 상태를 유지하려는 '관성'이다. 늘 하던 대로 마치 생활에 필요한 물품을 대형 마트에서 구매하듯이 대형 양당에 투표한다. 관성의 법칙을 벗어나면 큰일 나는 줄 안다. 이런 '속성'과 '관성'의 두 성질이 만났으니 한국 정치 수준은 5류다. 정치인 수준을 결정하는 것은 국민 수준이라는 말이 있다. 사실이다.

주한 미군 사령관이던 위컴은 1980년 8월 8일 LA 타임즈에 역사에 길이 남을 명언을 남긴다.

장면 1

"한국인은 들쥐와 같은 민족이라서 누가 지도자가 되든 잘 따를 것이고 민주주의는 한국인에게 어울리지 않는다."

> **장면 2**
>
> "이른 봄, 북유럽에서는 나그네쥐가 떼로 몰려다니다 강물에 빠져 죽는 일이 종종 일어난다. 이를 두고 사람들은 먹을 게 부족해 모두가 살 수 없는 상황에서 일부 숭고한 나그네쥐들이 동료들을 위해 스스로 목숨을 끊는다고 믿었다. 그러나 캐나다 동물생태학자 치티 교수의 연구 결과에 따르면 이들 자살 소동은 헌신적인 희생의 결과가 아니라 이른 봄 아직 눈이 녹지 않은 상태에서 이리저리 떼로 몰려다니다가 강물로 떨어지는 절벽에서 앞서가던 쥐들이 미처 멈추지 못한 상태에서 뒤에 따라오던 쥐들이 덮치면 떼로 빠져 죽는 것이다."[24]

선거일에 투표장으로 가는 유권자에게 나그네쥐의 '관성의 법칙'을 적용해 보자. 나그네쥐처럼 남들 따라 강물로 들어간다. 이 길이 죽는 길인지 모르고 그냥 남들이 가는 길을 그대로 따라가서 남들과 같은 정당에 투표한다. 그리고 또 실망한다. 욕한다. 그러나 다음 선거에서도 똑같은 곳에 투표한다.

최근 뇌신경학 연구에 따르면 "타인의 행동을 따라 하려는 인간의 열망은 너무나 강해서 대중의 의견에 반하는 행동을 하는 것은

---

24) 최재천, 《숲에서 경영을 가꾸다》, 메디치미디어, 2017.

감정적으로 힘든 정도를 넘어 고통스럽기까지 하다."라고 한다. 그래서 우리들 마음속에는 항상 동조화 현상이 존재한다. 문제는 이러한 동조화 현상이 우리 정치 발전을 저해한다는 사실이다. 이 현상을 타파하고 몰개성을 탈피하지 않으면 우리도, 우리 후손도 절벽에서 빠져 죽는 나그네쥐 떼처럼 사라질 것이다.

"사향쥐는 덫에 걸렸을 때 다리를 물어뜯어 잘라내서라도 자유의 몸이 되고 만다고 한다"[25]

우리 모두 자유의 몸이 되기 위해 사향쥐가 돼서 양당 정치의 덫에서 빠져나와야 한다.

---

[25] 헨리 데이비드 소로, 《월든》, 펭귄클래식코리아, 2014.

진보와 보수 대리전쟁을 멈춰라

 학생들은 자기 생각이 들어갈 틈이 없는 주입식 교육으로 길들여진다. 지배 세력은 논리적이거나 자기 생각을 가진 사람을 원치 않는다. 학교는 학생들을 순한 양으로 길들이기 위해 마치 자기가 지배 세력인 양 착각하게 만드는 환각제를 주입한다. 그래서 자기 생각 없이 주입식 교육으로 길들여진 사람들은 남의 생각을 가져다 쓴다. 빌려 쓰면서 자기 생각인 척한다. 마치 박근혜가 최순실 생각을 자기 생각처럼 얘기하듯이 말이다.

 '남'의 생각을 빌려와 자기 생각인 척하기는 투표장에서도 마찬가지이다. 마치 자기가 지배 세력인 양 착각하게 만드는 환각 효과는 투표장에서 더욱 빛을 발한다. 그런데 이 '남'은 과연 누구인가? 이 '남'은 보수와 진보 양 진영 '지배 세력의 생각'이다. 지배세력 생각이 유권자의 머릿속을 차지한다. 선거 때는 물론 평상시에도 양 진영의 '남'의 생각을 가진 사람들끼리 치열한 전투가 벌어진다. '지배 세력'을 대신하는 대리전쟁이다.

 이런 현상은 평상시에도 종종 벌어진다. '조국'을 지키기 위해 서초동에 모인 사람들이 대표적이다. '조국의 싸움'을 대신해 주었다. 우리 국민들은 자기보다 처지가 나은 사람의 기쁨과 슬픔에 동감하는 경향이 강하다. 세계 최고 약육강식 정글 대한민국에서 최상위 포식자는 대다수가 서울대 출신인 모피아와 쌍두마차인 서울 법대 출신의 법피아이다. 조국은 또 다른 형태의 서울대 출신 지배 계급이다.

　검찰이 '조국'에 대한 본질을 벗어난, 반인륜적인 수사는 비난받아야 마땅하지만 조국이 자기 자식에게 지배계급 승계를 위한 인턴 근무 등 스펙을 조작한 것까지 용서를 하는 것이 맞는 것일까? 조국을 응원한다는 것은 자식의 스펙을 위해서는 무슨 짓을 해도 된다는 것을 승인하는 것이다. '우리가 조국이다'를 외친 사람들 중에는 이미 조국과 비슷한 비리와 부정을 저지른 사람들도 섞여 있다. 악의 평범화. 그래서 서초동에 모인 이유이기도 하다. 나도 조국과 같은 사람이야, 그러니 나를 건드리지 마!

　그렇지 않은, 그럴 능력이 안 되는 사람은 잘못된 관행들이 법의 심판을 받는 데 나서지 말아야 한다. 끼어들 필요 없다. 검찰 요직을 차지하고 있는 서울 법대와 같은 대학 출신 조국은 우리 서민들이 안 챙겨 줘도 된다. 서초동에서 '우리가 조국이다'가 아닌, 태안의 화력 발전소에 가서 컨베이어 벨트에 끼어 숨진 비정규직 청년 노동자 '김용균'을 대신하여 '우리가 김용균이다'를 외쳐야 한다.

　부잣집을 챙기지 말고 더 가난한 사람을 살펴야 한다. 몇 년 전에 쌀이 없어 굶어 죽는 사람도 있었다. 지금이라고 굶어 죽는 사람이 없을까? 굶어 죽기 전에 스스로 목숨을 끊는다. 여력이 있으면 이런 취약계층을 돌보는 것이 맞다. 또 다른 진영의 지배세력을 대리한 전쟁에서는 가난하고 소외된 서민들이 태극기를 들고 부대에 합류한다. 지배세력은 민중을 지배하기 위해서 먹고살기 힘들게 만든다. 지배계급이 복지에 신경을 쓰지 않는 이유이다. 노인 빈곤율은 OECD 1위, 막걸리 한 잔 값이라도 벌려고 태극기 부대에 합류하는 사람들도 있다.

이런 대리전쟁 사례는 또 있다. 2007년 태안에서 삼성의 유조선 사고이다. 예인선이 삼성중공업 소속 크레인 부선을 끌고 가는 과정에서 와이어가 끊어져 홍콩 선적의 유조선과 충돌하여 유조선에서 많은 기름이 쏟아져 나오면서 해양 오염은 물론 양식장과 어패류가 떼죽음을 당했다. 많은 자원봉사자들이 삼성 유조선 사고로 기름 범벅이 된 태안에서 기름을 닦아 내는 일에 봉사했다. 세계 유조선 사고 역사상 유례없는, 국민들이 나서서 기름 찌꺼기를 닦아 냈다.

그러나 다시는 삼성과 같은 회사를 위해 태안 뻘에 묻은 기름 찌꺼기를 닦아 내는 뻘짓을 하면 안 된다. 대신 삼성 본사로 몰려가 해안을 자연 원상태로 복원하고 어민들 손해를 제대로 배상하라고 항의를 해야 했다. 반대로 행동하니 삼성이 근로자와 국민을 우습게 본다. 2008년 1월 삼성의 사태 해결의 소극적인 태도에 실망하고 분노한 태안 주민이 버스 100여 대에 나눠 타고 상경하여 삼성 본관 앞에 몰려가 대규모 항의 시위를 벌이기도 했다.

우리 서민의 적은 보수, 진보가 아니다

우리 주적은 민중을 개돼지라고 했던 교육부 공무원 같은 자들, 정치인, 조 중 동, 모피아, 법피아, 김앤장, 99%를 가지고 있으면서 서민이 가진 1%를 노리는 자들, 보수, 진보 양쪽에 적대적 공생관계를 형성하고 똬리를 틀고 앉아 있는 자들이다. 이들은 대부분 서울대 출신들이다. 특히 교육 마피아, 모피아, 법피아, 김앤장은 거의 서울대 출신들로 구성되어 있다. 내가 서울대 출신을 4류라고 얘기한 이유이다. 서울대도 없어져야 할 사死류이다. 내가 먼저 '이렇게 사는 사람도 있다'에서 소개한 5명 중 4명이 서울대 출신이다. 법대 출신도 2명이다. 이들도 서울대 없애는 것에 동의할 것이다. 한 친구는 평소에도 내게 "서울대가 없어져야 한다."라고 말하곤 했다.

사익을 위해 헌법을 유린하고 대통령 출마를 선언한 한덕수 국무총리는 김앤장 출신이다. 윤석열 정권 사람들은 머릿속이 과대망상에 젖은 사람들로 구성되어 있는 것 같다. 대통령과 2인자가 이런 망상에 사로 잡혀 있으니 국가 혼란이 계속되는 것이 하나도 이상하지 않다.

한덕수 총리는 두 차례에 걸쳐 4년 4개월간 김앤장 법률사무소 고문을 역임하고 18억 원 이상의 고문료를 받은 일에 대해 비교적 당당한 태도를 취하고 있다. 중략... 한덕수는 경제 관련 부처에서도 일하고 한미 FTA 관련 부서와 경제협력개발기구(OECD)에서도 일했다. 그가 제1차로 김앤장 고문에 취임한 2002년 11월부터 2003년 7월까지의 기간이 미국계 사모펀드인 론스타가 김앤장에 자문료 200만 달러를 송금한 기간과 거의 겹친다는 보도가 있었다. 보도에 따르면, 론스타가 자문료를 보낸 기간은 2002년 11월부터 2003년 10월까지다. 외환은행 먹튀 논란을 낳은 론스타가 김앤장과 밀접했던 시기에 한 후보자가 고문으로 재직했던 것이다.[26]

우리 모두 사향쥐가 돼서 지배 세력과 그 지배 세력을 떠받치고 있는 양당 정치 덫에서 빠져나와야 한다. '악의 축' 5류 정치인부터 정리하지 않으면 3류와 4류를 정리하지 못한다. 한 발자국도 나아가지 못하고 좀비 나라가 되어 좀비로부터 죽음을 당하거나 아니면 스스로 목숨을 끊고 사라지게 될 것이다.

---

[26] 김종성, "한덕수 후보, 법조 브로커와 뭐가 다른가", 오마이뉴스, 2022. 05. 05.

MZ세대는 신세대인가 쉰 세대인가?

MZ세대는 개인적인 행동 양식으로 보면 분명히 신세대가 맞다! 그들 언어와 소비생활은 신세대다. 하지만 사람다운 삶을 영위하기 위한 정치적 소비 행위는 전혀 다른 모습이다. 2030세대는 왜 그들 2030세대 정치인이 없는, 늙수그레한 노인들만 있는 양당에 표를 몰아주는가? 대의 민주주의에 역행하는 것 아닌가? 그 노인들 정당의 대리전쟁을 수행하면서까지 말이다. 열성주의(팬덤) 현상까지 만들며 편을 갈라 전쟁을 하고 있다.

윤석열 대통령 구속에 반대해 서울 서부지방법원에 침입해 난동을 부린 혐의로 붙잡힌 90명 중 절반 이상이 20~30대 청년인 것으로 나타났다 '국민의 힘'은 자신들의 정치적 이익을 위해 'MZ세대' 남성 청년을 이용했다. '국민의 힘' 한 중진 의원은 이 청년들을 선동하고 이 전쟁터로 유인했다. 유튜버는 전투 현장을 생중계했다. 극우 유튜버에게 대규모 집회가 열리는 곳은 한몫 챙길 수 있는 수익성이 좋은 '삶의 현장'이다. 구독자와 조회 수에 목매단 그들에게 진실 여부는 중요하지 않다. 자극적인 내용일수록 후원금이 늘어난다. 탄핵 정국은 그들에게 목돈을 줄 수 있는 절호의 기회이다. MZ세대는 이들에게 포섭돼서 법원을 습격하는 대리전쟁을 수행했다.

2030세대가 노인 정당에 투표하는 행위는 그들이 싫어하는 신물 나는 쉰 세대의 '될 사람을 뽑아 준다'라는 이상한 관념에 동조하는 것이 아니라면 설명할 길이 없다. 동조하여 투표를 한다면 2030과 6070의 정치 취향이 같다는 이야기다. 2020년 4.15 총선을 통해 구성된 제21대 국회 20대 2명, 30대 11명, 40대 38명, 50대 177명, 60대 69명, 70대 3명으로 국회의원 83%가 50대 이상이다. 20~40대 유권자의 비율은 59.7%인데 의원 합계는 17.1%에 불과하여 유권자의 3분의 1도 되지 않는다.

　늙수그레한 노인이 지배세력으로 군림하는 나라는 한국과 중국, 일본, 미국이다. 영국에서는 데이비드 캐머런이 40대 초반에 보수당 대표, 이후 총리를 지냈고, 프랑스도 마크롱과 캐나다 저스틴 트뤼도 총리도 40대에 등장했다. 48세의 이탈리아의 조르자 멜라니 총리는 이미 30세에 이탈리아 청소년부 장관을 지냈다. 유럽 정치인은 젊고 여성 정치인도 많다. 우리는 어떨까? 노쇠의 상징 흰 머리를 들킬까, 검은 머리로 변장을 하고 궤변과 내로남불, 거짓으로 무장한 늙수그레한 정치인이 활개 친다. 변장과 무장은 이들의 출세를 위한 보증수표다.

　MZ세대는 말로만 대의 민주주의가 아닌 실제로 지방의회나 국회의원을 20대, 30대 인구 비례만큼 요구해야 한다. MZ세대의 이런 요구에 양당의 지배 세력은 '소귀에 경 읽기'로 대응할 것이다. MZ세대는 연대하여 직접 대의 민주주의를 실현해야 한다. 이들 거대 양당과 지배 계급이 만든 정치 혐오 때문에 정치에 무관심해서는 안 된다. 정치 무관심은 그들 전략에 당하는 것이다. 온갖 상한 음식을 유권자 밥상에 올리는 거대 양당은 입만 열면 '국민 앞에' '국민을 위해'라는 가짜 메뉴로 호객행위를 한다. 양당 똑같이 변하지 않는다. 이제 MZ세대는 직접 싱싱한 먹거리를 식단에 올리도록 해야 한다. 우선 50년 동안 사용해서 썩어 버린 양당 불판을 걷어 내 폐기 처분해야 한다. 자기 권리를 포기하면, 법은 '권리 위에 잠자는 자는 보호할 필요가 없다'고 한다.

나도 과거에는 정치에 관심이 없었다. 거의 40대 중반부터 투표하기 시작했다. 40대 이전에는 양당 세력들이 만들어 놓은 틀, 정치 혐오 틀에 갇혔다. 그러나 좌회전 깜빡이를 켜고 급우회전한 노무현으로 인해, 그들 정체를 파악하느라 많은 시간을 투자하면서 적극적인 관심으로 돌아섰다. MZ세대는 이제라도 직접 정치에 참여해서 인구에 비례하는 지분을 획득해야 한다.

권수현 경상대 교수는 특히 여성 청년들의 정치 개입을 주장한다.

"기성 정당이 무엇을 해줄 것을 기대하지 말고, 여성 청년이 적극적으로 집단적으로 정치에 개입하면 좋겠다. (정치에서 여성 청년은 여성으로도 청년으로도 대표되지 못한다.) 여성은 중 장년 여성이, 청년은 남성 청년이 대표한다.

여성 청년의 요구가 정책화되기 위해서는 의사결정권을 갖는 자리를 차지해야 한다. 이번 불법 비상계엄과 탄핵 과정을 거치면서 청년 여성의 정치적 야망(political ambition)이 깨어나면 좋겠다. 내년 2026년에 지방선거가 있다. 모든 기초의회와 광역의회에 최소한 2030 여성 청년이 1명 이상 존재하는 것을 목표로 지방선거 여성 출마 프로젝트가 진행되면 좋겠다. 2030 여성 청년의 덕질 역량이 결합한다면, 불가능할 것 같지 않다."[27]

그는 또 "2025년 봄 탄핵이 마무리되고 대선에 돌입하게 됐을 때, 지금껏 그래 왔던 것처럼 '너희의 역할은 여기까지고 수고했다. 이제부터는 우리가 알아서 할게'라며 이들의 존재가 갑자기 사라지게 되지 않을지. 민주주의에서는 정당정치를 통해서 정책을 변화시킬 수 있기 때문에, 2030 여성들이 자신의 의제가 중요하다고 생각한다면 '투표'를 넘어 스스로 단상에 올라가는 사람이 되었으면 한다. 단상에 내가 원하는 사람이 올라갈 수 있도록 판을 만드는 여성들이 조직화되어야 한다. 여성들이 정치적 야망을 갖길 바란다."라고 했다.

MZ세대가 정치에 참여해야 할 이유는 또 있다. 지구환경 문제 때문이다. 기후 위기 때문에 그들 세상이 오지 않을 수도 있다. 정

---

[27] 프레시안, "청년여성이여, 정치적 야망을 가져라… 민주당 믿지 마라", 2025. 01. 29. 권수현 교수와의 인터뷰 중 일부 발췌

치에 관심을 가지고 환경 문제에 목소리를 내야 한다.

스티브 잡스보다 툰베리다

MZ세대 우상은 누구인가? 혹시 빌 게이츠나 스티브 잡스인가? 우상을 바꿔야 한다. 빌 게이츠까지만 해도 인간에게 편리함과 컴퓨터의 효용가치를 극대화하는 데 공헌했다. 과학 발전은 거기서 멈춰야 했다. 이제 우리 MZ세대 우상은 미국의 스티브 잡스가 아니라 스웨덴의 툰베리로 바뀌어야 한다. 이제 지구의 미래를 장담할 수 없기 때문이다. 툰베리를 포함한 MZ세대가 이 하나뿐인 지구의 주인이 돼야 한다.

언제 지구가 결산서를 내밀지도 모르는 비상 상황이다. 지구는 갈수록 뜨거워져 2030년 전에 끝장난다는 과학자들의 경고는 이미 너무 흔하다. 계속 살아갈 수 있는 지구를 남겨 달라고 하는 툰베리의 절규를 배워야 한다. '우리가 툰베리다'라고 목소리를 높이고 탄소 중립에 대한 정책을 정부와 정치인에게 요구해야 한다. MZ세대는 하나뿐인 행성, 지구에서 살아갈 날이 기성세대보다 많이 남았다.

이제 그만, 좀비와 노예를 길러 내는 교실을 뛰쳐나와 툰베리처럼 내가 살아갈 지구의 보존에 힘써 달라고 요구해야 한다.

[덧붙임]

그레타 툰베리(Greta Thunberg)는 환경운동가다. 2003년 스웨덴에서 태어난 툰베리는 아버지 영향으로 어릴 때부터 기후변화에 관심을 가졌다. 기후변화에 대해 공부 할수록 절망감에 빠졌고, 우울증을 겪으면서 11살에 아스퍼거 증후군과 강박장애라는 진단을 받는다.

청소년 기후행동을 시작한 2018년 8월을 기점으로 2019년 이전에 세계적인 기후 관련 동맹휴학 운동을 이끌고 2019년 타임 올해의 인물과 노벨 평화상 후보로 선정되었다.

불평등은 성장을 먹고 자란다

경제 성장은 대다수 국민에게 '부자 되세요'를 실현시켜 주지 못했다. 오히려 시간이 지날수록 중산층이 사라지고 불평등만 심하게 만들었다. 불평등은 성장을 먹고 자란다. 경제가 성장해도 불평등은 오히려 심해진다. 성장은 모든 것을 해결해 주는 만능 열쇠가 아니다.

더불어 민주당 이재명 대표는 지난 1월 23일 2025년 신년 회견에서 "검은 고양이든 흰 고양이든 쥐만 잘 잡으면 된다."라는 중국 덩샤오핑의 '흑묘백묘론'을 인용하며 경제 성장을 강조했다. '탈이념'과 '실용주의'도 언급했다. 그런데 옛날 일도 아니다. 지난해 2024년 8월엔 '기본 사회 건설'을 당 강령에 못 박았다. 잉크가 채 다 마르기도 전에 이번에는 '성장'을 강조한 것이다. 성장의 과실은 가진 자들이 또 가진다는 얘기를, 정녕 야당 대표인 이분은 잘 모르는 것인가?

노무현은 좌측 깜빡이를 켜고 집권 후에 우회전을 하더니 이분은 아예 대놓고 선거 전부터 우측 깜빡이를 켜고 급우회전할 모양새다. 대선 패배 뒤 방산업체 주식 수억 원어치를 샀다가 비판을 받은 적이 있는 이재명 대표는 금투세 감세 논란에 이어, 자신의 이념을 "거의 보수에 가까운 실용주의자"라고 했다.

'보수에 가까운 실용주의자'라면 '국민의 힘'에 가서 앉아 있어야 되는 것 아닌가?' 이런 이재명 대표의 변신에 박형준 부산시장은 25년 1월 한 종편 시사 프로그램에서 이럴 바에는 이재명 대표는 국민의 힘으로 옮겨서 출마하시라고 조롱하기도 했다. 노무현의 궤변 '좌파 신자유주의'에 이은 이재명의 '보수에 가까운 실용주의' 커밍아웃, 이제 논란을 끝내고 비어 있는 보수의 자리에 안착하시라! 억지 주장, 궤변은 이제 그만하셔도 된다.

낙수 효과로 위장된 성장의 과실은 어디로 갔을까? 5천 달러에서 3만 달러 시대로 오는 동안 성장의 과실 80%는 20% 지배계급의 주머니 속에 들어갔다. 나머지 20%가 80% 서민들에 배분된다. 80% 서민들은 이 20%를 차지하기 위해 치열하게 전쟁을 치른다. '을' '병' '정'의 전쟁이다. 성장의 결과물이 서민들에게 떨어지는 낙수효과는 이제 없다. 100대 대기업 유보금으로 축적된 돈이 1,000조이다. '경제 성장을 해 봐야 서민들 떡이 아니다.'

올해 2월에 발표된 국민 행복지수는 핀란드가 8년째 1위이고 한국인의 행복지수는 58위이다. 세계 경제에서 핀란드의 경제력은 3,080억 달러로 세계 45위이고 우리의 경제력은 세계 10위이다. 그런데 왜 행복지수는 핀란드는 45위를 위로 건너뛴 1위이고 한국은 아래로 48위를 건너 뛴 58위일까? 불평등을 해소하는 데 성장이 별 도움이 되지 못하다는 얘기이다. 불평등이 심하다고 하는 미국도 경제력이 1위이지만 행복지수는 아래로 24위를 건너

뛴 24위이다.

한국의 1인당 GDP는 1977년 1,000달러, 1989년 5,000달러, 1995년 1만 달러 달성에 성공한다. 이후 2010년 2만 달러, 2017년 3만 달러에 도달한다. 1,000달러에서 1만 달러가 되는 데 18년이 걸렸지만, 1만 달러에서 2만 달러가 되는 데 15년이, 2만 달러에서 3만 달러를 불과 7년 만에 달성했다. 같은 기간에 불평등도 매번 기록을 갈아 치웠다. 국민소득 만 달러 시대에는 지금보다 양극화도 이 정도까지 벌어지지 않았고 금전적 갈등이 훨씬 적었다. 돈 때문에 형제자매나 친구들 사이에 얼굴을 붉힐 일이 적었다.

> "1997년 외환위기에 정리 해고와 근로자 파견제를 수용한 김대중 정부와 한미FTA를 추진한 노무현 정부를 불평등 확대의 주범으로 본다. 이런 인식은 김대중 정부와 참여 정부 기간 내내 민주노동당을 비롯한 진보 정당과 진보적 시민사회에 매우 폭넓게 퍼져 있었다."[28]

2018년 문재인 정부가 최저임금을 대폭 인상했던 이유는 불평등을 줄일 목적이었다. 하지만 2018년 통계를 보면 고용은 급감하고 가구 소득 불평등은 오히려 확대되었다. 불평등을 줄이려 실시한 소득 주도 성장이 오히려 불평등을 심화시켰다. 선한 의지가 꼭 좋은 결과를 이끌어 내는 것은 아니다. 이제 3만 불 시대가 되었지

---

[28] 최병천, 《좋은 불평등》, 메디치미디어, 2022.

만 우리 서민들은 부동산 등 불로소득으로 재산을 축적해 노동을 하지 않고도 호의호식하는 사람들 몫까지 일해야 한다. 야간, 초과 근무를 해야 겨우 입에 풀칠한다.

문재인 전 대통령은 2023년 9월 19일 평양 공동선언 기념식에서 "문재인 정부 마지막 해인 2021년에 1인당 국민소득은 3만 5천 불을 넘었는데, 지난해 2022년은 3만 2천 불대로 국민소득이 떨어졌다."라고 윤석열 정부를 폄하했다. 하지만 문재인 정부에서 집값 상승으로 인한 서민들의 소득 감소 효과는 윤석열 정부에서 떨어졌다고 주장하는 3천 불보다 훨씬 더 많다. 염치가 없는 건지, 인지 능력이 없는지, 아니면 둘 다 없는 것일 수도. 이런 철딱서니 없는 것들에게 정권을 넘겨준 지 3년이 됐는데 왜 정권을 넘겨주었는지 모르는 것 같다.

신자유주의자들이 흔히 쓰는 말, '보이지 않는 손'은 이제 '시장' 뿐만 아니라 우리 서민 일상생활에도 그대로 적용된다. 왜 우리가 죽을 때까지 이렇게 고생하며 살아야 하는지 도무지 알 수가 없다. '보이지 않는 손'이 작용했을 것이라고 추측한다. 프란치스코 교황은 벌써 오래 전 2013년 3월 교황 취임 후에 "우리는 더 이상 보이지 않는 손과 보이지 않는 힘을 신뢰할 수 없다. 시장 만능에 맡길 수 없다."라고 했다.

사실 신자유주의자들이 전가의 보도처럼 휘두르는 '보이지 않는 손'을 만들어 낸 당사자인 애덤 스미스는 시장이라는 '보이지 않는 손'은 투자자로 하여금 해외가 아닌 '자국 경제에 투자하도록 할 것'이라고 한 발언을 시장주의자들이 이 말을 남용하고 있다.

"금융 규제를 없애기 위한 주장의 근거를 애덤 스미스의 '보이지 않는 손'에 의한 자유방임주의에서 찾으려는 시도는 잘못된 것이다. 왜냐하면 스미스는 자신이 주장한 '보이지 않는 손'을 금융시장에 적용하려고 한 적이 없기 때문이다."[29]

박홍규는 《작은 나라에서 잘 사는 길》에서 네덜란드는 탈물질주의적이라고 했다. 네덜란드는 우리나라와 달리 극빈자도, 부자도 거의 없이 대부분 중산층이기 때문이다.

"네덜란드에서는 모든 국민이 수입의 33~60퍼센트를 세금으로 내고 사회보장이 완벽하다. 아무리 바쁜 날이라고 해도 가족 생일인 경우, 퇴근시간 5시 이전인 3~4시에 퇴근하는 것이 일반적이다. 네덜란드 노동자들은 상사의 말을 듣지 않는 것으로도 유명하다, 상하관계란 없다. 연장노동이 철저히 규제된다."[30]

---

29) 30) 박홍규,《작은 나라에서 잘 사는 길》, 휴먼비전, 2008.

오른쪽 날개로만 나는 것은 모두 추락한다

우리는 우리 몸 좌우를 골고루 써야 한다. 나는 오른손을 너무 많이 써서 고관절이 틀어졌다. 오른손으로 하는 운동, 탁구, 테니스로 몸을 혹사했다. 중국에서는 삼복더위에도 배드민턴을 열심히 했다. 이렇게 오른손을 쓰는 운동을 열심히 한 덕분에 틀어진 골격이 발 아치로 옮겨져 한동안 고생했다. 발 아치가 없어져 버렸다. 고관절 이상으로 좌우 균형이 안 맞아 이를 교정하는 데 많은 시간과 돈을 투입했다.

웬만하면 병원에 돈을 갖다주지 않는 것은 물론 감기조차 걸리지 않아 의료비 지출이 거의 없던 나의 유일한 의료비는 체형을 교정하기 위한 물리 치료비였다. 이렇듯 한 쪽만 너무 많이 쓰면 망가진다. 균형을 잡기 위한 노력을 하지 않으면 나중에 골격이 무너져 걷지 못한다. 우측으로 심하게 굽은 척추 측만증에 걸린 사람은 폐가 손상되어 숨쉬기 힘들어진다. 우리 사회는 오른쪽으로 굽은 척추 측만증에 걸려 있다. 굽은 척추의 한국 사회에서 사람들이 숨쉬기 힘들어한다.

민주당과 국민의 힘 양당 모두 오른쪽 날개, 우익편향이다. 부동산 정책을 비롯한 노조 탄압, 비정규직 양산, 불평등 등 헤아릴 수 없을 정도로 똑같다. 수많은 정권교체가 이루어졌지만 불평등은 오히려 심해졌다. 그래서 진보 진영이 정권을 잡아도 차이를 못 느낀다. 무늬만 진보인, 가짜 진보이기 때문이다. 오히려 진보를 표방하는 민주당의 부동산 정책은 보수 정당만 못하다. 그들의 부동산 정책은 정책 남발로 누더기가 되었다. 결과적으로 주거 비용을 올려 서민들의 소득 감소 효과를 가져왔다.

양극화, 불평등에 대한 불만이 팽배한 일반 국민들도 이에 대한 책임이 특히 오른쪽 날개로만 날아가는 양당에 있다는 것을 알지 못한다. 추락 위기가 닥쳐도 그들은 혁신위나 비대위 같은 눈속임에 가까운, 포장만 바꾸고 위기를 넘기는 것도 닮아 있다. 비상대책위원회는 국민을 위한 혁신이 아니고 정권 획득을 위한 몸부림이다.

사실 따지고 보면 오늘날의 이런 혼탁한 정치를 만든 책임은 민주당이 더 크다. 그들이 진보 행세를 했기 때문이다. 가짜가 진짜인 척하니 진짜 진보가 설 자리가 없다. 김대중에서 출발하여 노무현, 문재인, 조국은 결코 좌익, 진보가 아니다. 가짜 보수 정당 '국민의힘'이 빨갱이 마케팅을 통해 민주당을 진보 또는 적색으로 몰아가는 것도 일정 부분 기여는 했지만 민주당은 태생적으로 결코 진보 정당이 아니다. 민주당의 주류 운동권 세력이 보수적인 신자유주의자로 변신했기 때문이다. 비행기의 양 날개에 비유하면 민주당의 사상적인 위치는 우측 날개 중간 정도에 붙어 있다. 물론 국민의힘은 우측 날개 끝에서 수구에 가서 붙었다, 떨어졌다를 반복한다.

선거에 도움이 되면 이념도 필요 없다. 진보, 보수 가리지 않고 가져다 쓴다. 가장 대표적인 것이 김종인의 '경제민주화'다. 선거철만 되면 양당에서 '경제민주화' 떴다 방을 차린 김종인 선생을 차례로 불러들인다. 박근혜는 김종인의 '떴다 방'으로 선거를 치렀고 다음 선거에서 문재인도 김종인 선생을 불러들였다.

아파트 분양에 나타나는 '떴다 방'이 선거 때만 되면 정치판에 나타난다. 보수 진보의 구별이 없다. 이건 뭐 정당도 아니고 나라도 아니다. 선거철의 정치판은 떴다 방과 야바위꾼들이 함께 나타나는 아수라 장판이다. 이 아수라 장판에서 노무현이 한나라당에 연정을 제안한 이유도 두 당이 정체성이 같기 때문이다.

선거에서 자신의 정체성과 정당 존재 이유인 정치적 이념이나 철학이 배제된 가운데 떴다방이 필요한 이유는 오로지 자신들의 사리사욕을 위한, 정권 획득을 목표로 하기 때문이다. 5년 동안 고생했던 자기 식구를 배부르게 먹일 수 있는 정권 획득이다. 지금의 승자 독식의 대통령제는 이런 욕구를 한꺼번에 채울 수 있는 꿀단지다. 승자가 꿀단지를 몽땅 가져간다.

김종인은 헌법 119조 2항 '국가는 균형 있는 국민경제의 성장 및 안정과 적정한 소득의 분배를 유지하고, 시장의 지배와 경제력의 남용을 방지하며 경제주체 간 조화를 통한 경제의 민주화를 위하여 경제에 관한 규제와 조정을 할 수 있다'라는 조항을 만드는 데

기여한 것으로 알려졌다.

'경제민주화를 위하여'라는 것은 '양극화'로 경제, 사회적 긴장이 고조되어 자본주의와 민주주의가 근본적으로 위협받거나 흔들릴 우려가 커질 때 정부가 자본주의와 민주주의의 붕괴를 막기 위해 원용할 수 있는 비상 안전장치를 염두에 둔 것이라고 밝히고 있다.

이 '경제민주화'를 가져다 쓴 박근혜와 문재인은 선거가 끝나기가 무섭게 '경제 민주화'를 쓰레기통에 처박았다. 대한민국에서 '경제 민주화'는 선거철에만 떴다가 흔적도 없이 사라지는 떴다 방 신세다. '경제 민주화'를 도둑맞은 진보 정당은 점점 설 자리를 잃었다.

민주당이 진보가 아닌 이유 하나를 더 꼽자면 노무현이 체결한 한미FTA이다. 반도체와 자동차를 팔자고 농민을 희생시켰다. 이건 진보가 추진하는 사안이 아니다. 한나라당에서 추진해야 하는 것이다. 덕분에 한나라당에서 날로 먹었다. 먹거리 80%를 수입하는 우리는 식량위기가 닥치면 남아도는 반도체는 튀겨 먹고, 자동차는 삶아 먹어야 한다. 지금 농촌에서는 쌀이 남아돈다며 보조금을 받고 농사를 짓지 말라고 한다. 농업 포기 정책이다. 쌀을 의무조항으로 수입하는 FTA 협정으로 인해 쌀이 남아돌기 때문이다. 선진국 중 농업을 포기한 국가는 없다.

세계 식량 공급망이 무너지면 한국이 제일 먼저 타격을 입는다. 시장 조사 업체 피치 솔루션즈는 세계 식량 공급에 차질이 빚어질 경우, 가장 먼저 타격을 받을 나라로 한국, 중국, 일본과 중동을 꼽았다. 정작 한미FTA 상대방, 미국은 서서히 보호주의 배로 갈아타고 타고 있다. 미국에 대해 누가 뭐라고 할 사람도 없으니 제멋대로다.

우리 서민들 삶을 괴롭히는 것은 소득 양극화지만, 이 양극화는 정치의 우익화 때문이다.

비행기는 비행의 마무리 단계인 착륙을 위해 까마득한 아래 하나의 점처럼 보이는 활주로를 향해 계속 진로를 수정하면서 하강한다. 기체의 왼쪽과 오른쪽 교대로 기울이는 작업을 반복한다. 오른쪽으로만 기울이면 비행기는 활주로를 찾지 못하고 추락한다. 우리는 지금 추락하고 있다. 추락하는 비행기에서 불안, 초조, 스트레스로 좀비로 변한 사람들이 다른 이에게 묻지 마 폭력을 행사한다. 때로는 자신의 몸에도 폭력을 행사하여 세상을 뜬다.

손흥민은 오른발과 왼발을 사용, 골을 넣어 영국 프리미어 리그에서 득점 왕을 차지했다. 좌익과 우익 비율이 비슷한 나라가 된다면 남들이 부러워하는 잘 사는 나라, 국민이 행복한 나라가 될 것이다. 우측 날개로만 날아가는 것은 모두 추락한다.

4장
토마 피케티의 사회주의 재활용

사회적 자본이 사라지자, 좀비들이 대거 출현했다.

2023년 상반기를 뜨겁게 달구었던, 또래를 살해한 부산 김유정 사건은 따라 하고 싶은 욕구를 실천한 것이다. 이분은 범죄물 영상을 보고 한번 살인이 해 보고 싶었단다. 범죄물이나 게임에서 폭력 장면을 보면 따라 해 보고 싶은 충동이 생긴다. 엽기적인 살인 사건은 미디어와 게임 학습 후 생기는 현장 실습 욕구의 결과물이다.

폭력 영화가 흥행에 성공한다는 것은 폭력에 중독된 사람들이 많다는 것을 말해 준다. 총과 칼을 사용한 폭력 게임도 많다. 20여 년 전 게임산업이 막 시작될 때, 한 일간지의 김 모 기자는 게임 산업의 경제적 효과를 약 2조 정도로 봤다. 나는 당시 이 이야기를 듣고 아마 그 부작용은 2조 이상이 될 것으로 내다봤다.

오락과 영화, 게임 산업의 경제적 효과는 엄청난 사회적 비용을 치르면서 상쇄되고 있다. 부작용으로 우리 사회가 지불해야 하는 사회적 비용을 감안하면 경제적 효과는 마이너스이다. 게임, 영화 등 가상공간에서 사람을 죽이는 것은 일상적인 일이다. 그래야 내가 사니까, 그래서 가상 공간뿐 아니라 현실에서도 사용해 보고 싶은 충동을 느낀다. 현실과 가상세계를 분간하지 못할 수도 있다. 오징어 게임과 같은 폭력적인 영화는 딴 나라에서는 만들 수가 없다. 한국과 같이 겉으로 보기에는 안정적이고 멀쩡해 보이지만 속으로는 경쟁과 폭력이 생활화된 나라에서만 만들 수 있는 영화이다.

그럴 수밖에 없는 현실이다. 도시에서는 이웃이 존재하지 않는다. 다 경쟁 상대이고 없애야 할 존재이다. 경쟁 상대는 학교에만 있는 것이 아니다. 층간 소음, 주차 문제 등 동네 이웃도 좀 없어져 줘야 내가 편하다. 하루 종일 집에서 스마트폰과 함께하는 나 홀로 청년은 이런 폭력에 쉽게 노출된다. 자기 또래 청년을 살인한 것도 모자라 토막까지 낸 청년, 이분과 같이 남의 신체에 폭력을 행사하는 경우도 있지만 내 조카 준과 같이 자신 신체에 폭력을 행사해서 스스로 무지개다리를 건넌 경우도 있다.

2024년 7월에 일어난 신림역 칼부림 사건 피의자 조 모 씨는 게임중독자다. 조 씨는 범행 전 일상 대부분 시간을 게임을 하거나, 게임 동영상 채널을 시청하는 등에 할애했다. 검찰은 그가 게임 중독 상태였다고 설명했다. 그는 게임과 현실을 넘나들며 적을 없애야 내가 사는 것으로 착각했다. 분노와 좌절의 감정이 게임으로 이어지면서 저지른 범죄다. 범행도구를 미리 준비하고 증거를 인멸하는 등 계획적이었다. '젊은 남성'을 의도적 공격 대상으로 삼아 마치 컴퓨터 게임을 하듯 잔혹하게 범죄를 저질렀다. 좀비 폭력은 점점 다양해지고 폭력적이며 줄어들 기미가 보이지 않는다.

2025년 2월 10일 대전광역시 서구의 초등학교에서 40대 여교사가 자기 학교에 재학 중인 7세 초등학생을 흉기로 살해했다. 이제 좀비 활약은 직종을 가리지 않는다. 안전의 마지막 보루인 학교에서 교사가 7세 학생을 살해한 사건은 좀비 활약 무대가 이제 학교까지 확장되었다는 것을 알려 준다. 학교도 이제 안전지대가 아니다. 신자유주의 '초경쟁 사회'를 포기하지 않으면 그 무엇도 이런 좀비의 활약을 막을 수 없다. 신자유주의 컨베이어 벨트를 돌리기 위해서는 누군가의 피가 필요하다.

"교도소에서 함께 살아보면 저런 사람이 어떻게 그런 범행을 저질렀을까 싶을 정도로 도저히 납득이 가지 않는 딴판인 사람이 무척 많습니다. 그의 죄명으로서는 도저히 상상할 수 없을 정도 부지런하고 경우 바르고 얌전한 사람이 얼마든지 있습니다. 치열한 생존경쟁이 없어지고 나면 폭력과 비리와 패륜도 흡사 바람 빠진 풍선처럼 무력해지고 이빨 빠진 맹수처럼 무해한 것이 되어버리는가 봅니다. 생존을 위한, 또한 치부나 허영을 위한 과도한 추구가 모든 폭력과 비리의 근거가 되고 있는 되고 있는지도 모릅니다."[31]

사회적 자본의 소멸

위 사건들은 오랜 기간 만들어진 용암이 분출된 것과 같다. 오랫

---

31) 신영복, 《감옥으로부터의 사색》, 돌베개, 2010.

동안 가둬 놨던 용암 에너지가 자신의 힘을 이기지 못하고 분출된 것이다. 한순간에 만들어진 것이 아니다. 우리는 이미 초등학교에서 고등학교 졸업 때까지 평균 3억 원을 쓰며(미국의 투자은행 JEF 분석) 좀비가 되기 위한 기본 교육을 받는다. 경쟁자를 물리치고 나만 잘되기 위한 좀비 교육이다. 그리고 대학에 들어가 4년 동안 1억 원 정도 쓰고 조금 더 전문적인 좀비 교육을 받는다. 졸업 후에는 사회에 나가 현장 실습을 한다.

남보다 더 우수한 좀비가 되기 위해 어릴 때부터 사교육이라고 이름 붙여진 특별 과외도 받는다. 독일에서는 유치원에서 알파벳을 가르치면 아동학대라고 하는데 한국에서는 영어 잘하는 좀비가 되기 위해 7살에 영어 학원 입학 자격 영어 고시를 치른다. 전문가들은 이 시험의 출제 수준이 고교 수능 수준이라고 말한다. 이런 종류의 사교육 비용은 연간 27조이다.

육체적 폭력을 행사하는 좀비만 있는 것도 아니다. 타인의 정신세계를 지배하기 위해 정신적 폭력을 행사하는 좀비도 있다. 그 매개수단이 SNS다. SNS는 많은 청년을 자살하게 만드는 매개체이기도 하다. 간접 폭력 도구이다. 더 무섭다. 이를 가려내는 것도, 제재하는 것도 쉽지가 않다. 사회적 자본은 이런 좀비가 되는 과정을 늦추거나 희석시킬 수 있는 중요한 여과 장치였으나 이것도 사라지고 있다. 좀비가 좀처럼 줄어들지 않고 계속 늘어나는 이유는 스마트폰 때문이다. 좀비 활동에 필수적인 무기가 바로 스마트폰이다.

인류 미래를 생각하면 스마트폰은 태어나서는 안 되는 물건이었다. 스마트폰으로 인해 소형 전자 제품은 물론 카메라, 비디오 메라, 녹음기, 손전등, 시계, 알람시계, 스톱워치, 타이머, 지도, 현금, 카드, 오디오 리코더, 거울 등을 생산하는 중소기업이 완전히 사라졌다. 스마트폰 때문에 책을 안 보니 출판시장도 쪼그라들었다.

스마트 공룡은 인간계에서 점점 더 위세를 떨치고 있다. 스마트폰이 없이도 사람들은 잘 살아왔다. 그런데 스마트폰이 세상에 나오자, 인간에게 문제가 생기기 시작했다. 세상은 점점 미쳐 갔다. 좀비 교육을 받은 학생들이 스마트폰으로 SNS에서 하는 몹쓸 짓이 생활화되었다. SNS 때문에 학생들이 생을 마감하기도 한다. 몰인간화를 재촉했다. 신체 여기저기 망가지기 시작했다. 눈과 골격에 치명적인 문제가 생기기 시작했다.

스마트폰은 자기가 듣고 싶은 의견만 듣고 자신과 다른 생각은 듣지 않게 된다. 스마트폰을 이용한 검색은 이를 확인하고 자기 견해를 오히려 더 공고히 하는 수단으로 쓰인다. 점점 더 동조화현상은 심화되고 나와 다른 생각은 적으로 인식하게 되어 인간은 사회적 동물이라는 본성과는 점점 더 멀어져 간다.

서부지법 전투 현장에 난입한 사람들의 주요 무기는 스마트폰이다. 스마트폰이 전쟁 무기로 변신했다. 스마트폰으로 사전 모의

하고 난입 결과를 스마트폰으로 알려 주고 동영상으로 수익을 창출한다. 스마트폰은 가짜 뉴스가 난무하는 매개체가 되고 양 극단으로 치닫는 정치 양극화의 주범이다. 직장 생활하는 사람들도 시도 때도 없이 울리는 삐빅 소리에 신경이 곤두서며 항상 스트레스와 생활을 같이한다. 대면에 의한 소통이 사라진 데에 스마트폰이 일조를 했다.

담배는 불과 100년 전까지 의사가 피우라고 권장했으나 그 중독성으로 인해 피해가 확인되자 더 이상 권장되지 않고 사라져야 할 물건이 되었다. 100년 후에 스마트폰은? 살아남을까? 중독성으로 인간성을 말살시키는 기계로 분류되어 사용이 금지되거나 수거되어 폐기 처분될지도 모른다. 세상에 영원한 것은 없다.

'와이즈 앱' 조사에 따르면 한국인의 스마트폰 평균 사용시간은 3시간이다. 혼자 즐기는 스마트폰, '사람인'에서 성인남녀 5,267명을 대상으로 조사한 결과 10명 중 4명이 스마트폰 중독이라고 생각한다는 답변을 했다. 지역사회나 인간 관계망에 떨어져 나 홀로 스마트폰에 중독되어 지내는 사람들은 가족이나 공동체와 거의 관계를 맺지 않는다.

하루 종일 이 오두막 저 오두막을 돌아다니며 시간을 보내는 뉴기니 아이들은 게임을 할 수 있는 스마트폰이 없다. 그들은 그들 사회적 자본인 그들의 사회적 관계망에서 함께 시간을 보낸다. 얼마 전에 모 방송에서 필리핀 오지의 대여섯 명 세부 아이들 삶을 방영한 적이 있다. 필리핀 현지인과 결혼한 한국인 부인을 누나라고 부르고 마을에서 같이 산다. 굉장히 재미있게 살고 있다. 이 아이들은 항상 웃고 다닌다. 이들이 속한 지역 사회는 자연스레 형성된 사회적 자본이라 할 수 있다. 이런 곳에서는 폭력을 행사하는 좀비가 없다.

'사회적 자본'이란 경제학의 신뢰 개념을 확장한 것이다. 이는 사람들 사이에 인간관계를 나타내는 개념으로서 서류 절차 없이도 서로 믿고 거래할 수 있는 것이다. 그러나 더 확장해서 미국의 정치학자 로버트 퍼트넘(Robert Putnam)이 정의한 사회적 자본은 '개인의 관계, 즉 사회적 네트워크와 그로부터 발생하는 호혜성과 신뢰성의 규범을 가리키는 말'이다.

사회적 자본은 북 클럽과 볼링 클럽, 각종 종교 모임과 공동체 조직, 종친회부터 정치 조직, 로터리 클럽, 주민 회의와 노동조합, 등이다. 이런 공동체에 적극적으로 가입해 회원이 됨으로써 얻는 신뢰와 우애, 소속감을 가지고 서로 도움을 주고받을 수 있을 것이란 기대감을 키운다. 퍼트넘 등 많은 학자는 사회적 자본이 쇠퇴하는 이유에 대해 직접적인 커뮤니케이션을 포기하고 비대면 커뮤니케이션을 활성화했기 때문이라고 설명한다.

비대면 활성화는 언어생활도 부담스럽게 만든다. 지금 학생 세대는 대꾸할 말을 준비하지 못한 무방비 상태에서 갑작스레 전화를 받을 경우 부담스러워한다고 한다. 워낙 문자 메시지에 익숙한 탓이다. 우리 사회가 이미 대면보다는 비대면을, 음성통화보다는 문자 메시지에 더 편하게 느끼는 시대에 살고 있기 때문이다.

나는 나만의 사회적 자본이 있다. 나는 이 사회적 자본에 매달 일정 금액을 납부한다. 벌금을 못 내 감옥에 가는 사람에게 벌금을 대출해 주는 '장발장 은행'을 운영하는 '인권연대', 프랑스에서 난민이었던 홍세화 선생님의 암울했던 과거를 생각하며 가입한 '난민인권연대', 삼성 등 지배 세력에 맞서 고독한 싸움을 해왔던 고 노회찬의 뜻을 기리고자 가입한 '노회찬 재단', 독서 인구 감소 어려움에 단비가 되길 기대하며 내가 매월 구독하는 월간지《작은책》, 왼쪽 날개에 힘을 보태기 위해 가입한 '노동당' 등이다. 얼마 안 되는 돈이지만 사회적 약자와 소수자를 위해 매달 납입한다. 그래서 나의 '경제적 자본'은 0이지만 '사회적 자본'은 무한대로 수렴한다. 왜냐하면 내가 몹쓸 일을 당했을 때 나의 사회적 자본은 나를 든든하게 지켜 줄 후원자가 되어 줄 것임을 믿기 때문이다.

영국의 싱크탱크가 발표한 2019 레가툼 번영지수에 따르면 한국은 사회적 자본 부문에서 전체 167개국 중 142위를 차지한 것으로 나타났다. 이는 중동의 레바논, 아프리카의 우간다, 동유럽의 벨라루스, 남미의 페루 등과 비슷한 수준이다. 이 연구소는 사회적 자본의 항목에 대해 특정 국가에서 개인적 관계, 제도에 대한 신뢰, 사회규범, 시민의 참여가 얼마나 강력한지 측정한 것이다.

공동체는 물론, 가족도 해체됐다

가족 해체도 급속히 진행 중이다. 대부분 돈 때문이다. 오래전 이야기다. 내 친구는 암에 걸린 이모 병수발을 했다. 친구 이모는 독신이라 조카인 친구가 뒷바라지를 한 것이다. 하지만 이모는 암을 이기지 못하고 저 세상으로 가 버렸다. 이에 대한 보답으로 이모가 친구에게 남기고 간 유산이 있었다. 이 유산으로 인해 그 친구 부모와 다툼이 생겼다. 친구는 이 유산을 여식이 다니는 여고에 기증해 버렸다. 그리고 본가와 10년 동안 내왕을 끊었다. 부친이 돌아가시자, 모친과 형제들의 사과를 받아 내고 장례에 참석했다.

친구 부모는 부동산으로 벌어들인 돈으로 노후까지 걱정 없이 살 수 있다. 그런데 자기 동생이 남기고 간 유산이 탐이 났다고 한다. 친구는 단돈 10만 원이 아쉬운, 사업 실패로 신용 불량까지 걸릴 정도 형편이 어려운 친구였지만 1억 원이 넘는 돈을 장학금으로 기부했다. 친구는 일반인과는 약간 다른 삶의 철학을 가지고 살았지만 많은 사람들이 경제적인 문제 때문에 부모형제와 내왕 없이 지내고 있다. 뭐 하긴, 나도 내왕이 없긴 마찬가지다. 우리는 다툼을 할 유산도 없고 형제들은 착하기만 하다. 너무 착해서 목사 등 지배 계급의 세뇌에 그대로 따른다. 나는 그것이 불편하다.

하지만 더 심각한 것은 한 지붕에 살면서 대화가 없는 가족 해체이다. 원인을 제공한 것은 스마트폰이다. 스마트폰은 이미 한 식구가 되었다. 반려견 같은 존재다. 옷을 입히고, 항상 안고 있으며 때가 되면 밥도 주고 빽빽 울면 달래 준다. 그놈은 밤이 되면 머리맡에서 같이 잔다. 혹시라도 그놈이 시야에 보이지 않으면 불안해서 어쩔 줄 모른다. 같은 유전자의 진짜 가족이 앉아서 식사를 할 때에도 가족 간 대화가 없다. 대신 각자 스마트폰을 켜 놓고 각자 새로 입양한 가족, 스마트폰과 대화를 한다. 입과 눈이 동시에 바쁘다.

내가 잠깐 다녔던 회사 대표는 고객과 미팅을 할 때도 간간이 스마트폰과도 대화를 한다. 손님 보기 민망해 얘기를 해 줘도 들은 척도 안 한다. 내가 상대방이라면 이런 산만한 사람과는 사업을 같이 하고 싶지 않을 것이다. 그러니 사업이 신통치 않다. 대표는 왜 사업이 신통치 않은지 모르는 것 같다. 내가 퇴사하고 얼마 안 돼서 회사를 접었다고 같이 일했던 동료를 통해 전해 들었다. 여러 가지 기발한 특허를 많이 가지고 있어 기대하고 같이 일을 시작했다. 회사가 망한 이유는 꼭 스마트폰 때문이라고 얘기하는 것이 맞는 것인지 확신은 없으나 경영자로서 기본이 안 돼 있었다.

나이 드신 분들과 상담할 때는 아무리 궁금하더라도 대화 중 바로 스마트폰으로 검색하는 것은 가급적 피해야 한다. 대화 상대방이 미팅 중에 카톡을 한다고 생각하는 사람도 있다. 항상 메모장을 소지하고 일단 메모를 하고 검색은 나중에 해도 된다. 상대방과 계속 눈을 맞추면서 얘기에 집중하는 것이 좋다. 기본 중에 기본이지만 예상외로 이런 기본을 잘 모르는 분들이 많다.

우리는 앞에 앉아 있는 사람과 대화할 때, 한껏 예의를 차리고 말을 가려서 한다. 그러나 모니터의 글로 바뀌면 만나서 이야기하는 것보다는 긴장이 풀어지면서 약간 무례해진다. 심한 경우, 안 보인다는 이유로 언어폭력을 행하고 습관이 되면 눈앞에 있는 사람에게도 쉽게 언어폭력을 행사한다.

"전통적인 뉴기니인 대화는, 무릎에 놓인 문자를 확인하고 문자메시지를 또닥거리느라 끊기는 일이 거의 없다. 뉴기니의 외딴 마을에서 자란 한 미국인 선교사의 아들이 미국 고등학교에 진학 후 뉴기니 아이들과 미국 아이들이 노는 방식이 확연히 다른 것을 보고 충격을 받았다. 뉴기니 아이들은 거의 하루 내내 이 오두막 저 오두막을 돌아다니며 시간을 보낸다. 미국에 있을 때 그 선교사 아들은 내 친구였는데, '여기 아이들은 각자의 집에 들어가 문을 잠그고 혼자 텔레비전을 본다'라며 아쉬워했다."[32]

20년 동안 가장 많이 세계 부자 순위 1위에 올랐던 '빌 게이츠'는 세 명의 자식들에게 14살이 되기 전까지 스마트폰을 사 주지 않은 것으로 유명하다. 컴퓨터도 하루 45분 이내로 엄격하게 제한했다.

---

[32] 재레드 다이아몬드, 《대변동》, 김영사, 2019.

토마 피케티의 사회주의 재활용

'사회적 경제'를 얘기하기 위해서는 '사회주의' 이야기를 먼저 해야 한다. 우리에게 '사회주의'는 참 낯설다. 신자유주의에 익숙한 우리에게 상대적으로 생경하다. 내가 지금부터 이야기하려고 하는 중요 키워드는 '사회'이다. '사회' 또는 '사회적'이라는 어휘는 '사회주의'와 맞물려 있다. '사회주의'는 수십 년 동안 한국인 머릿속 한구석을 채워 왔던 존재이다.

'사회주의'는 이미 실패한 이념이고, 우리가 쳐다보지도 말아야 할 이념이다. 더군다나 6.25 전쟁을 경험한 세대들에 의해 사회주의는 분단 상황과 맞물려 부정적 이미지를 만들어 냈다. '빨갱이'. 그러나 유럽에서는 '사회'라는 말이 낯설지 않다. 사실 '사회적'이라는 표현의 'Social'의 soci의 어원은 친구이다. socio는 파트너라는 의미이다.

우리가 자연스럽게 쓰는 SNS는 Social Networking Service의 약자로서 '사회적 관계망 서비스'이다. 우리의 삶 속에 자연스럽게 녹아 있는 어휘이다. 그래서 사회적이라는 의미는 '친구', '파트너', '연대'의 기본적인 개념이기도 하다. 우리가 무심코 들었던 말이지만, 가장 중요한 말은 '인간은 사회적 동물이다'라는 말이다. 코로나 시대를 거치면서 이만큼 중요하면서 필요한 말은 없다. 우리가 쓰는 많은 어휘 중에서 이미 '사회'는 익숙하다. 하지만 이 '사회'에 '주의'가 붙으면 이야기가 달라진다.

이미 신자유주의로 진화한 자본주의의 대안으로 '사회주의'를 재활용해야 한다는 학자가 있다. 세계적인 경제학자 이자 작가인 파리 경제대학의 대학교수인 '토마 피케티'는 그의 책《피케티의 사회주의 시급하다》에서 30여 년간, 끝 모를 자본주의 질주를 돌아보며 이를 극복할 새로운 방식을 고민할 수밖에 없었다고 말했다. "자본주의의 대안으로 제시할 경제체제를 일컫는 말로 사회주의만큼 적절한 표현이 없다고 본다. 사회주의라는 말을 재활용할 수 있다고 나는 믿는다."라고 했다.

토마 피케티는 참여 사회주의가 필요하다며 "자본주의에서는 민주주의를 지킬 수 없다. 그래서 민주주의를 지키기 위해서는 단순한 재분배에서 더 나아간 '사회주의'가 필요하며 생산 영역에서 노동자의 자치가 필수 불가결"이라고 주장했다.

토마 피케티는 학창 시절 1990년대 소비에트 몰락을 직접 목격한 뒤 그 자신 정체성을 자유주의로 규정했다. 그런데 돌연 사회주의라니!

"나는 자본주의를 극복할 새로운 방식에 대해 고민해야 한다고 확신한다. 그건 새로운 형태의 사회주의일 것이다. 참

여적이고 지방 분권화된, 연방제 방식이며 민주적이고 또 환경친화적이며 다양한 문화가 혼재되어 있으며 여성 존중 사상을 담은 사회주의 말이다. '사회주의'라는 말이 이미 완전히 사멸된 말이고, 다른 표현으로 대체되어야 하는지는 역사가 결정할 일이다. 내 개인적인 생각으로는 사회주의라는 말을 재활용할 수 있다고 믿는다. 특히 자본주의에 대한 대안으로 사회주의만큼 적절한 표현이 없다고 보기 때문이다."[33]

우리 과거를 되돌아보면 경제 부문에서 사회주의가 구현된 사례를 많이 목격할 수 있다. 사회주의에서나 볼 수 있는 관치금융이 여러 번 있었다. IMF 시절, 수많은 회사에 금융 지원해 주었던 구제 금융도 사회주의 발상이다. 대우조선, HMM과 같은 대마불사 대기업에 지원되는 구제 금융 지원이 이에 해당된다. 2020년 대한항공과 아시아나 항공에 3조 원을 지원했다. 또 건설회사의 분양이 잘 안될 때, '대마불사'를 위해 국민이 낸 세금으로 아파트를 사준다. 바로 사회주의적 구제 금융이다. 물론 아파트 분양이 잘될 때 분양 이익은 회사로 돌아간다. 2023년부터 시작된 PF(Project Financing: 프로젝트 자체를 담보로 장기간 대출해 주는 제도) 위기에 또 얼마나 많은 돈이 지원될지 가늠하기조차 힘들다.

미국의 사회주의적 구제 금융도 예외가 아니다. 2008년 세계 금

---

33) 토마 피케티, 《피케티의 사회주의 시급하다》, 은행나무, 2021.

융 위기 원인이 된 주택담보부 파생 상품을 가장 적극적으로 투자해서 망한 미국 투자은행 베어 스턴스와 리먼 브라더스 주주들은 투자금 전부를 잃었다. 그러나 경영진들은 회사가 망했는데도 파산 사건 전에 결정된 인센티브 권리를 행사해서 2조 7,000억이라는 상식을 초월한 현금을 챙겼다.

모기지 사태 발생 후, 2008년 90월 19일 부시 대통령은 최소 7,000억 달러에 달하는 부실 자산 구제 조치를 발표했다. 정부에서 엄청난 금융 지원을 해 주었다. 똥 싼 놈에게 똥 치워 주고 더 먹으라고 음식을 잔뜩 안겨 주는 꼴이다. 참 대단하다. 경영진은 국민 세금으로 자신들의 보너스 잔치를 벌였다.

금융사고로 문제가 생기면 빚을 탕감하고 돈을 풀어 지원해 준다. 자본주의 국가에서 이루어지는 사회적인 개념의 관치금융이다. 그런데 이런 대마가 아닌, 무수히 많은 소마, 서민들이 피해를 당하면 모른 척한다. 최근에 발생한 전세사기 예를 들면 피해자들이 살 길이 막막하여 생을 포기하는 사람들이 늘어나면 그제야 뭔가 하는 척한다. 서민에게 금융이 지원될 경우, 꼭 따라오는 말이 있다. '도덕적 해이'를 동반한다는 말이다.

더군다나 정부의 잘못이 명백히 드러났는데, 도덕적 해이를 들먹인다. 대마는 도덕적 해이라는 말을 쓰지 않는다. '도덕적 해이'는 소마나 졸마에게만 해당되는 말이다. 전세사기 피해자들이 자살하기 시작하자 그제야 대출을 해 준다고 한다. 대출은 지원이 아니다. 젊은이들이 정부 잘못으로 문제가 생겼는데 아무것도 해 준 것이 없다. 한국에서 사회주의적 관치금융은 자본가를 위한 '사회주의적' 관치금융이다. 서민을 위한 '사회주의 관치금융'은 없다. 막대한 돈이 투자되는 '자본주의적 사회주의' 금융 지원의 자세한 내막을 일반 국민들은 잘 알지 못한다.

'사회주의 재활용'은 사회주의 국가의 사회주의가 아닌 개량된 사회주의이다. '수정 사회주의'이다. '자본주의'와 '사회주의' 중간 형태이다. 사회주의 국가인 중국에서 생활해 보니 '네 것도 내 거, 내 것도 내 거' 개념은 오랫동안 자본주의 나라에서 살아온 나로서는 거부감을 느낀다. 하지만 그들에게 배울 점도 있다. 예를 들면 중국 대학은 신입생들을 받기 위해선 기숙사 확보가 우선이다. 기숙사가 확보되어 있지 않으면 학생들을 받을 수가 없다. 중국 대학생은 기숙사 생활을 하는 것이 원칙으로 되어 있다. 학생 식당도 완비되어 있고 가격도 저렴하다. 학생들은 숙식에 관련하여 돈 들어갈 일이 크게 없다. 한국이나 미국처럼 대학을 기업처럼 운영하는 곳은 없다.

글로벌 금융위기와 함께 신자유주의에 대한 환상은 깨져 버렸다. 세계 모든 나라들이 규제 철폐와 세금 감면만이 만병통치약은 아니라는 것을 서서히 깨달아 가고 있고, 토마 피케티 같은 학자에 의해 '사회주의 재활용' 개념이 새로이 대두되고 있다.

사회적 경제(Social economy)란?

자본주의가 시작되고 신자유주의가 꽃을 피운 유럽에서 사회적 경제가 시작돼서 서서히 영역을 넓혀 가고 있다. 이상하지 않은가? 자본주의가 시작된 이곳에서 사회적 경제가 활발하다. 신자유주의가 촉발한 글로벌 경제와 탄소 의존 경제가 이제 더 이상 안 된다는 자각의 출발이다. 말하자면 신자유주의, 자본주의 실패를 인정하고 대안을 찾기 시작했다는 증거이다. 그 대안에 가장 근접한 것이 바로 '사회적 경제'이다. 우리나라는 마지못해 유럽을 따라 하는 듯 보인다. 뭔가 철학이 보이지 않는다.

여기 지표가 말해 준다. 유럽은 사회적 경제 영역 종사자 비율이 6.3%이고 고용 인원은 1,910만 명인데 비해 우리나라는 종사자 비율이 1.4%이고 고용 인원은 4만 6천 명이다. 행복지수 1위 코스타리카 지역 발전 요인은 바로 사회적 경제이다. 하버드 대학의 퍼트넘 교수는 자료를 통해 공동체가 활성화되면 더 행복해지고 교육성취율도 더 높아지고 범죄가 줄어들고 사회는 더 건강해진다는 사회적 자본의 중요성을 증명한 바 있다.

나는 대학 시절 경제학 시간에 "자본주의와 사회주의는 수렴된다."라고 배웠다. "자본주의가 가지고 있는 근본적인 결함으로 인해 자본주의는 사회주의와 절충된 형태로 살아남을 것이다."라고 배웠다. 하지만 이 얘기는 흘러간 옛 노래가 돼 버렸다. 사회주의와 접목된 수정자본주의로 간다는 이야기는 옛날 책에서만 볼 수 있는 경제 개념이다. "사회 공동체라는 것은 없다. 오직 남자, 여자라는 개인, 그리고 가족 단위만 존재할 뿐이다."라고 한 영국 대처 수상에서 시작한 새로운 개념의 자본주의는 미국으로 건너가 레이건 대통령을 거치면서 신자유주의라는 탈을 쓰고 한국에 상륙하여 본색을 드러냈다. 미국보다 더 악랄한 약탈 자본주의로 말이다.

"돈이면 다 된다!" 신념이 지도층에서 시작돼서 국민으로 확산되며 세계 최고 수준 양극화와 자살률 등 부작용을 양산하며 자본주의가 사회 전반에 부정적 인식으로 자리 잡아 갔다. 부정적 인식이 확산되자 이에 대한 개선 노력이 시작되었다. 하지만 우리 사회 일각에는 아직도 신자유주의에 대한 미련이 강하게 남아 있다. 예를 들어 감세는 미덕이고 증세는 악덕이라는 논리를 우리 사회 곳곳에서 발견하게 된다.

있는 자에 대한 특혜로 경제가 활성화되고 '보이지 않는 손'에 의해 저소득층에게 이득을 가져다준다는 낙수효과가 신자유주의 정책을 정당화해 주는 논리였다. 그러나 그들이 앵무새처럼 반복하는 신자유주의 경제 정책으로 인한 낙수효과는 발생하지 않았다.

"지금부터 100년 뒤에 경제학자들에게 경제학의 아버지가 누구인가를 질문하면 대다수가 찰스 다윈이라고 말할 것이다. … 오늘날 애덤 스미스는 '보이지 않는 손'의 원리로 잘 알려져 있다. 그를 신봉하는 경제학자들에 따르면 이 원리는 '비인격적인 시장의 힘에 의해 탐욕스러운 개인의 행동이 모두를 위한 최선의 결과를 낳게 된다'는 의미를 지닌다. 경쟁 과정에 대한 다윈의 견해는 근본적으로 다르다. 그의 관찰에 의하면 개별 동물의 이해관계는 때로는 종족 전체의 이해관계와 크게 상충한다."[34]

세계 금융시장을 거의 폭발 직전 상황까지 몰고 간 2008년 글로벌 금융위기는 어설픈 신자유주의적 규제 완화와 월스트리트 탐욕과 무절제를 제대로 관리 못한 것이 비극의 출발점이었다. 월스트리트의 탐욕은 승자가 모든 것을 다 가져가는 승자 독식의 미국 신자유주의 경제가 만들어 낸 참사였다.

승자 독식 국가 미국보다 네덜란드를 배워야 한다. 네덜란드는 우리나라보다 작은 나라이지만 큰 나라다. 한때 세계무역을 주름 잡았던 나라였고 중세 이래 계속 선진국이다. 우리처럼 자원이 거의 없고 있는 것은 사람뿐인 나라이다.

"네덜란드는 공생의 사회다. 각자의 자가용을 줄여 모두가 자전거를 타서 공생을 위해 환경을 지키는 사회다. 마찬가

---

34) 로버트 H. 프랭크, 《경쟁의 종말》, 웅진지식하우스, 2012.

지로 각자의 노동시간을 줄여 모두의 일자리를 지키는 사회다. 즉 네덜란드는 사유가 아닌 공유의 사회, 나 혼자 잘 사는 것이 아니라 함께 잘 살자는 공생의 사회다. 부자들의 빈집을 가난한 사람들이 점거하는 것도 승인한다. 따라서 공생은 시장의 공유에 한정되지 않는 인간 삶의 이념으로서 바로 사회적 연대라고 할 수 있다."[35]

자본주의가 신자유주의로 넘어가지 않고 착한 자본주의로 남아있으면 사회적 경제가 없어도 된다. 하지만 이젠 신자유주의 추종자들도 자본주의 부작용이 너무 심각해서 실패로 가고 있다는 것을 안다. 하지만 차마 사회주의나 수정 자본주의로 궤도 수정을 하자는 말은 못 한다. 그래서 자본주의에 사회적 개념을 도입한 사회적 경제를 도입했다.

사회적 경제 기업의 모델

"전 서울대학교 경영 대학 교수 윤석철의 생존 철학에는 4가지 모형이 있다. '너 살고 나 살고' '너 살고 나 죽고' '너 죽고 나 살고' '너 죽고 나 죽고' 모형이다. 이상의 4가지 모형 중에서 '나' 혹은 '너' 둘 중 누구 하나라도 죽어야 하는 것은 '지속 가능한' 생존 양식이 될 수 없다. 가장 이상적인 길은 '너 살고

---

35) 박홍규,《작은 나라에서 잘 사는 길》, 휴먼비전, 2008.

나 살고' 모형뿐이다."[36]

'너 죽고 나 사는 모델'로 신자유주의 경제를 선택한 우리 모형은 각자 알아서 하는 각자 도생이다. 사회적 경제 기업 개념은 '너도 살고 나도 살고' 모델이다. 그러니까 자기만 신경 쓰지 말고 남에게도 신경 쓰고 지구의 환경에도 신경을 써야 한다는 것이다. 사회적 경제 기업의 영역은 비영리법인과 영리추구를 목적하는 하는 전통적인 기업의 중간에 위치해, 영리를 추구하지만 사회적 책임을 다하는 기업이다.

이런 중간 지대 사회적 경제 기업이 필요한 이유는 출산율, 자살률, 계층 간 갈등, 양극화, 65세 이상 노인 빈곤율 43%로 OECD 가입 국가 1위라는 불명예가 지속되면서 선진국 문턱에서 가라앉을 것이라는 우려 때문이다. 사회적 기업의 제일 첫 번째 과제는 노인층, 경력단절 여성 등 취약계층에 대한 지속 가능한 일자리를 제공함으로써 지역사회에 보람되고 좋은 영향을 끼치는 것이다. 지역 사회에서 양질의 좋은 일자리를 만들어 냄으로써 지역사회를 통합하고 사회적 투자 확충을 통해 지역 경제를 발전시키고자 함이다.

그러나 2023년 윤석열 정부는 협동조합 예산을 무려 91%나 삭감하고 사회적 기업 예산은 57%를 삭감했다. 취약계층에 대한 고

---

36) 윤석철, 《경영·경제·인생 강좌 45편》, 위즈덤하우스, 2005.

용과 사회서비스를 주 사업 영역으로 하는 사회적 경제 기업에 대한 지원을 대폭 삭감한 것은 물론 사회적 경제 중간 지원조직을 다 없애 버렸다. 사회적 약자는 이제 버려질 일만 남았다. 그를 벼락출세 길로 만든 말 '사람에 충성하지 않는다'는 얘기는 자기를 대통령으로 뽑아 준 덜 똑똑한 사회적 약자나 취약 계층, 서민에게만 해당한다. 가진 자들에게는 법인세 등 부유세를 인하하는 등 실질적인 혜택을 제공하며 충성을 다했다.

윤석열은 출세에 눈이 어두워 9수를 했다. 상식과는 거리가 먼 사람이다. 3수 4수도 아닌 9수이다. 정상적인 사람은 아니다. 뜬금없이 비상계엄을 선포함으로 스스로 비정상적인 사람임을 증명했다. 그전 대통령도 '함량 미달' '자격 미달' 소리를 들었어도 대통령이 '비정상인 사람'은 이번이 처음이다. 가장 만만한 취약계층 지원금을 가장 먼저 날려 버렸다. 2010년 이명박 정부부터 본격 시행되어 무려 15년 이상 지속되어 온 '사회적 경제'가 '비정상'에 의해 초토화되었다.

사회적 경제 기업 대부분은 국가에서 할 일, 취약 계층 돌보는 일을 국가 대신하여 돌보는 일을 하면서 일자리를 만들어 낸다. 그분은 사회적 기업, 사회적 경제에 '사회'라는 어휘가 붙어 있어 불편하셨나? 아니면 뭔가 착각하셨나? 비정상 대통령의 착각이 반복되면 나라가 위험해진다. 아니, 이미 위험해졌다.

혼자 잘 살면 무슨 재민 겨?

학창 시절, 우리는 같은 또래 친구들과 치열한 경쟁을 통해 공부, 또 공부의 굴속을 통과했다. 사회에 나왔더니 이번에는 돈을 벌기 위해 또 다른 경쟁과 마주친다. 이런 악순환의 고리는 우리 인생 속에서 쳇바퀴처럼 돌아간다.

'돈평등' 고지를 사수하기 위해서는 고지를 향해 올라오는 적을 물리쳐야 한다. 내가 쉬는 동안 내 경쟁 상대는 쉬지 않고 일을 하고 내가 자는 동안에도 내 적들은 자지 않고 일을 한다. '경쟁'이라 이름 붙여진 '전쟁'은 내가 죽어야 끝난다.

얼마 전 이곳에 2백 평 정도의 건물이 들어섰다. 궁금했다. 인구가 계속 줄어 스산한 읍 소재지 신축 건물에 누가 들어올까? 완공된 지 보름쯤 지났을까, 뜻밖에 마트가 들어왔다. 백여 미터 거리에 이미 2군데 마트가 있다. 이곳은 앞으로 경쟁이 아닌 전쟁을 해서 셋 중 두 군데는 쓰러져야 한다. 이런 전쟁은 전국 곳곳에서 펼쳐진다. 공생과 배려의 개념은 사라진 지 오래다. 전국 곳곳에서 이런 전투가 벌어진다. 전투에서 패한 자는 지역을 뜨든가, 세상을 뜨든가 둘 중 하나이다.

축구 대표 선수였던 차두리가 공생의 미담을 선물했다. 아직 뛸 수 있는 나이인데 왜 대표팀 은퇴를 했는지 묻는 기자 질문에 "내가 나가야 후배 선수가 기회를 얻을 수 있다."라고 했다. 한창 뛸 수 있는 나이에 은퇴하는 경우도 드문 일이다. 은퇴한 스타급 운동선수들은 방송가를 기웃거리면서 방송 활동을 이어 간다. 은퇴 후 할 일을 못 찾아 정치권을 기웃거리는 늙수그레한 은퇴 세대와 같은 행태를 보인다. 프로그램 여기저기 닥치는 대로 얼굴을 내민다. 체육 관련 프로그램이든 아니든 가리지 않는다. 누가 누가 프로그램을 많이 하나 경쟁이라도 하는 듯하다. 참 보기 딱하다. 그들은 많은 생계형 방송 출연자의 출연 기회를 빼앗는다.

　방송시장 경쟁도 이미 경쟁을 넘어 전쟁이다. 일반 연예인들은 방송가에서 출연 기회를 얻기 힘든 현상은 점점 더 심해지고 있다. 스타급 운동선수 출신은 방송뿐 아니라 광고시장까지 넘나들며 종횡무진이다. 연예인들이 목돈을 쥘 수 있는 광고시장에서 생계형 연예인들은 광고 하나 찍기가 쉽지 않다.

　반면에 이들 스타 운동선수 출신은 장애인 등과 같은 약자를 위한 봉사 현장에서는 얼굴 보기 힘들다. 팬들 사랑을 받았으면 그 사랑을 장애인과 같은 사회적 취약계층이나 사회적 약자들에게 돌려줘야 하는 것이 맞다. 방송을 하면서도 얼마든지 취약계층을 위한 봉사를 할 수 있다. 그러면 사회의 관심이 자연스럽게 이들 사회적 약자에게 옮겨질 것이다. 장애인과 자립 고립 청년에게 봉사활동 등 공공선을 위해 시간을 투자하시라. 또 다른 세계가 펼쳐지고 당신이 몰랐던 인생의 참맛도 알게 될 것이다. 간혹 보람과 재미도 느낄 수 있다. 주변의 크고 넓은 세상을 향해 시선을 돌릴 때라고 말해 주고 싶다.

외국 대학에서는 학업 성적뿐 아니라 고교 시절 봉사 활동 등 얼마나 다양한 활동을 했는가를 대학 입시 사정 기준으로 삼는다. 하지만 우리는 오로지 점수에만 매달리는 기형적인 교육 덕분에 다른 사람과 어울리는 연대와 봉사에는 관심이 없다. 차두리를 더 높게 평가하는 것은 아직까지 방송가에는 얼씬거리지 않고 자기 분야에서 일을 하고 있다는 점이다.

"지구상 최강자였던 공룡이 하루 1톤에 가까운 나뭇잎을 먹어 치워 생존 기반을 훼손하여 '너 죽고 나 살고'식 생존 모형을 추구하는 동안 곤충과 포유류는 '너 살고 나 살고'식 '주고받음' 모형을 개발했다. 식물의 꽃가루와 꿀을 먹이로 선택한 곤충들은 자기 생존기반인 현화식물(생식 기관인 꽃이 있고 열매를 맺으며, 씨로 번식하는 고등 식물)의 번식을 돕기 위한 가루받이 기술을 개발해 서비스에 나섰다. 그 결과 이들은 모두 지구상에서 가장 번성한 종이 되었다."[37]

지금 한국 사회는 공룡화가 진행되어 '혼자 잘 살면 무슨 재민겨?'는 사라지고 '너 죽고 나 살자'의 생존 모델이 한국 사회를 지

---

37) 윤석철, 《경영·경제·인생 강좌 45편》, 위즈덤하우스, 2005.

배하고 있다. 대표적인 곳이 돈 되는 것이면 가리지 않고 덤비는 잡식성 재벌과 새벽 배송을 하는 플랫폼 기업이다. 재벌의 문제점을 다시 거론한다는 것은 식상하다. 하지만 새벽 배송 문제도 심각하다.

천적이 없는, 미국이 원산지인 외래종 황소개구리가 한때 한국의 연못을 완전 장악했다. 미국이 원산지인 외래종 쿠팡도 한국 유통업 생태계를 교란하고 있다. 천적이 거의 사라졌다. 천적이 사라진 후의 미래를 점쳐 보자! 뻔하다. 아마 다들 치를 떨 것이다. 또한 새벽 배송으로 점유율을 끌어올리니 밤낮이 따로 없는 택배 종사자들은 사고와 과로에 죽어 간다. 하지만 이런 회사들은 시장 점유율을 계속 높여 가고 있다. 이런 회사들이 이렇게 한국에서 승승장구하는 것은 우리 국민성에 문제가 있다는 얘기이다. 좀비교육을 받아 선과 악의 구별을 하지 못한다.

나는 시골에 살고 있어 로켓이나 새벽 배송 거리 안에 들어 있지 않다. 내가 만약 아파트에 살았다면 새벽 배송 유혹의 손길에서 벗어났을까? 아니다! 나는 밤에 잠을 자지 못하는 그 누군가가 내 집으로 새벽 배송을 오는 것을 원치 않는다. 로켓 배송, 새벽 배송 없는 시대에도 나는 잘 살아왔고 앞으로도 잘 살아 낼 것이다.

모든 국민은 소비자이다. 당신의 정체성을 최선의 소비자로 규정한다면 문제가 심각해진다. 우리도 언젠가 새벽 배송하다가 쓰러질 수 있다. 그래서 나는 최선을 선택하는 소비자보다 착한 소비자로 살아가려고 한다.

평생 물질로 살아온 여든 된 해녀 할머니에게 물었다. "스킨 스쿠버 장비를 사용하면 더 많이 수확하실 텐데요?" "그걸로 하면 한 사람이 100명 하는 일을 할 수 있지." "그런데 왜 안 하세요?" "그렇게 하면 나머지 99명은 어떻게 살라고?"라고 답했다. 농민 철학자 전우익 선생의 '혼자 잘 살면 무슨 재민 겨?'는 이 시대에 꼭 필요한 말이다.

"미국 부자가 바닷가를 거닐다가 고기는 잡지 않고 빈둥거리는 멕시코 어부를 발견했다.

왜 물고기를 잡지 않고 빈둥거리고 있소?
오늘 하루치 물고기를 다 잡았기 때문이라오

아니 그럼 왜 더 잡지 않소?
더 잡아서 무얼 한단 말이오?

물고기를 더 잡아서 돈을 더 많이 벌면, 더 좋은 그물과 배를 사고 그 배로 더 먼바다까지 나가서 물고기를 잡다 보면 나처럼 부자가 될 게 아니오?

부자가 되어서 뭘 한단 말이오?
은퇴 후에 이렇게 여유가 생겨서 한가해질 수가 있지

그러자 어부가 웃으며 답했다.
내가 지금 그렇게 살고 있소"[38]

---

38) 이종희, 《소비사회》, 좋은땅, 2022.

미국 우상화가 심각하다

옛날 우리 엄마 생전에 가족 예배드릴 때면 빠지지 않고 하는 말이 있었다. '우상을 섬기지 말라'라고 얘기하셨다. 말하자면 절이나 토속 신앙을 믿는 그런 곳에 가지 말라는 뜻이었다. 이 말은 교회에서 목사가 하는 말을 우리 엄마가 그대로 우리에게 전달하는 것이었다.

우리는 미국의 4년짜리 대통령이 하는 말을 철석같이 믿고 그대로 전달하는 5년짜리 대한민국 대통령 말을 믿으면 안 된다. 미국이라는 우상을 지나치게 섬기면 안 된다고 말하고 싶다. 6.25 전쟁에 미군이 와서 싸워 주고 피를 흘린 덕분에 우리가 살아남을 수 있었다. 전쟁이 끝나고 먹을 것이 귀한 시기에 많은 원조를 해 주어 무사히 배고픔에서 빠져나올 수 있었다. 고마운 것은 맞지만 그렇다고 해서 미국이 달라고 하는 것은 마냥 다 해 줄 수 없다. 미국은 어떤 나라인가? 자본주의가 활짝 꽃피운 곳이다. 그들은 자본주의 체제 아래 투자 대비 수익을 신앙처럼 따지는 나라다.

우리나라도 투자 대비 수익을 따지기로는 미국 못지않다. 그런데 우리의 국가적 이기심은 미국 앞에 서기만 하면 작동을 멈춘다. 특히 이 정부에서 더 심하다. 그러나 한국은 중국, 러시아 동부, 북한 가장 가까이에 미군이 주둔할 수 있는 유일한 국가이다.

이런 자연적인 입지를 대체할 수 있는 국가는 없다. 그것만 해도 미국은 한국에서 많은 혜택을 받고 있다. 엄청나게 많은 무기를 사주는 것은 물론, 위험을 감수하고 중국을 사정거리 안으로 볼 수 있는 사드 기지까지 내주었다.

대한민국의 전시작전 통제권도 우리 것이 아니다. 자기 나라 전투에서 다른 나라가 전쟁 지휘를 한다? 이건 독립 국가가 아니다. 물론 이런 선진국도 없다. 2024년도 국방 예산이 59조이다. 이렇게 매년 어마어마한 돈을 쓰고도 전쟁이 나면 전쟁 지휘는 우리 것이 아니다. 국군의 존재 이유가 무색해진다.

나는 그나마 노무현을 대통령으로 인정하는 것은 그가 전시작전권을 되찾아오려고 노력했다는 것이다. 당연히 그래야 하는데 그 당시 야당에서 반대했다. 한국 사람들은 중국을 숭배하던 옛 조선 시대의 사대주의로 무장되어 있다. 지금 이 대상이 중국에서 미국으로 바뀌었을 뿐이다. 조선 시대 상전으로 모시던 중국도 기울기 시작해서 한때 서구 열강의 먹잇감이 되었다. 이제는 중국 대신 미국을 신처럼 숭배한다.

2024년 12.3 계엄은 이런 논쟁을 무색하도록 만들었다. 전시작전권 회수는 국군 최고 통수권자인 대통령이 정상적인 사람일 경우에만 해당되는 얘기다. 정상적인 사람이 아닌 사람이 정권을 잡았을 경우 전시작전권이 어떻게 남용이 되는지 지금 우리는 목격했다. 만약 우리가 전시작전권을 회수한 상태에서 대통령이 계엄을 합리화하기 위해 평양에 무인기를 더 많이 보내고 접경 지역에 포격을 해서 적의 도발을 유인해 전쟁이 났다면, 생각만 해도 아찔하다. 비정상적인 사람이 또다시 대통령으로 당선되지 않는다는 보장이 없으니 당분간 전시작전권 회수는 물 건너갔다.

태극기 부대 집회가 열리는 날이면 아닌 밤중에 홍두깨처럼 성조기가 날아다닌다. 이스라엘 국기도 펄럭인다. 언제부터 한국과 미국, 이스라엘이 동맹국이 되었을까? 이스라엘은 마치 하마스 로켓 공격을 기다렸다는 듯이 독일에 당한 홀로 코스트 이상 가자 사람들을 참살하고 있는 국가이다. 이분들은 어쩌다 이렇게 되었나? 북한과 한판 붙기를 바라는가? 아니면 대한민국이 52번째 미국의 '주'로 편입되기를 바라는 걸까?

지금 세계 곳곳에서 혼란 상태가 이어지는 것은 미국이 만들어 놓은 체제와 질서의 결과이다. 제국주의로 무장한 그들 호전성은 서부 활극 시대에 머물러 있다. 미국 소외계층은 마약과 총의 힘을 빌리지 않고는 현실의 고통을 벗어나는 것이 쉽지 않다. 그래서 매년 총질로 엄청난 사망자가 생기는 나라다. 그럼에도 불구하고 총기 산업의 경제적 효과 때문에 총기 규제를 하지 않는 나라다. 막장 자본주의 끝판왕을 보여 주고 있다.

남의 나라를 가장 많이 침범한 나라이다. 미국 대통령 부시가 애기한 '악의 축'은 이라크가 아니고 미국이다. 제2 통킹만 사건을 조작한 후 베트남과 전쟁을 벌이고 이라크에 화학무기가 있다고 거짓말하고 침공했다. 미국 국민은 닉슨 대통령이 거짓말을 하면 탄핵으로 쫓아내도 거짓말로 구실을 만들어 남의 나라를 침공해서 수많은 사람들을 죽음으로 몰아넣은 대통령은 모른 척한다. 닉슨과 똑같은 잣대로 부시에게 들이댔다면 부시는 쫓겨나야 했다.

국가 간 분쟁에도 거의 미국이 개입되어 있다고 보면 맞다. 국가 간의 약속도 자기 입맛대로다. 북한과 약속도 헌신짝처럼 버리는 것도 미국이다.

"싱가포르 합의는 미국이 깼다. 미국이 그런 식으로 약속을 깬 게 한두 번이 아니다. 북핵 문제를 이렇게까지 만든 것은 북한과 미국이다. 책임의 크기로 따지면 미국 쪽이 더 크다. 그런 사실을 알고 있어야 하고 지적해야 한다. 우리를 만만하게 볼 수 없도록 만드는 노력은 우리 스스로 해야 한다."[39]

미국 주류 세력, 군산 복합 세력은 한국 평화를 바라지 않는다. 평화가 찾아오면 한국에 무기를 팔지 못하는 것이 가장 큰 이유이다. 한국은 홍보와 영업이 필요 없는 짭짤한 시장이다. 경제 동물은 일본이 아니라 미국이다. 미국은 물론 중국, 누구도 믿으면 안

---

39) 정세현, 《정세현의 통찰》, 푸른숲, 2023.

된다. 간, 쓸개 다 내주고 끌려다닐 거면 선진국 소리를 하지 말아야 한다. 국격 소리도 하지 말아야 한다.

  미국에 대한 맹종으로 미국과 중국에 전쟁에 끼어들면 대한민국이 망하는 것은 시간문제이다. 그때는 친일보다 친미파가 더 단죄와 청산을 요구받을 수도 있다. 아니, 망하면 청산할, 청산당할 대상 모두 다 사라진 후일 수도 있다. 세상에 영원한 것은 없다. 영원한 적도 영원한 친구도 없다. 우리는 미국과 중국 어느 한쪽에도 치우치지 않는 양쪽 날개로 계속 밀려오는 미국과 중국의 악천후 기류를 잘 타고 넘어야 한다.

  전쟁을 컴퓨터 게임으로 알고 있나? 아니면 한반도에서 전쟁 나면 작전 통제권을 가진 미국이 전쟁을 주도하니 미국 믿고 안하무인이 되었나? 호전적인 이 정권, 위험한 게임을 하고 있다. 말려야 한다. 군대 생활 3년 제대로 해 보지도 않은 것들은 전쟁의 무서움을 모른다. 눈앞에서 교관 눈에 M60 총탄이 박히고 낙하 훈련 때 바다에 빠져 죽고, IBS 도상 훈련 중에도 빠져 죽고, 제대로 군대 생활을 하지 않은 것들은 죽음이 바로 눈앞에 있다는 것을 느끼지 못한다.

  역대 청와대 대통령실이나 정치 지도자, 사회 지도층 중 제대로 3년 군대 생활을 한 사람들이 드물다. 그래서 개념이 없고 저질 코미디를 쏟아 낸다. 2001년 병역 기피 의혹을 받아 온 한나라당 대표가 대표적이다. 잇따른 군 관련 발언으로 네티즌들의 입방아에

연일 오르고 내리더니 11월 "전쟁이 나면 입대하겠다."라고 말해 네티즌들의 희롱거리가 된 데 이어 보온병을 폭탄이라고 오인하는 장면을 고스란히 담은 YTN 동영상이 공개되면서 또다시 조롱의 도마 위에 올랐다.

3년 제대로 군대 생활한 사람을 대통령으로 뽑아야 한다. "선무당이 사람 잡는다."라는 말이 있다. 전쟁의 무서움을 모르는 것들이 사람 잡는다. 그래서 나는 지금 철딱서니들이 너무 무섭다. 미국에 대한 자발적 복종인가? 아주 위험한 게임을 하고 있다. 말려야 한다.

자본주의 모범 사례도 있다

　자본주의라고 해서 꼭 신자유주의로 살아가라는 얘기는 아니다. 신자유주의와 결이 다른 자본주의의 모범 사례로 네덜란드 사례를 들 수 있다. 박홍규는 《작은 나라에서 잘 사는 길》에서 우리의 아파트 투기 문제, 교통문제, 환경문제, 교육문제, 정치 문제가 그렇게 심각한 이유는 좁은 땅에 인구가 많다는 것이 원인이라고 했다.

　"우리는 우리보다 땅이 거의 100배나 넓은 반면 인구는 4배 정도밖에 많지 않은 미국에서 우리의 생존 모델을 찾으려고 해서 문제다. 문제 해결책도 어쩔 수 없이 미국에서 찾으려고 하여 문제가 더욱 꼬이고 악화하는 현실이다. 사정이 비슷한 나라, 네덜란드를 본받아야 한다."[40]

　네덜란드 체류 경험을 통해 우리가 최고의 선이라고 여기고 있던 미국 따라 하기가 결코 최고의 선도, 진리도 아니라는 점을 박홍규 교수가 쓴 이 책에서 밝히고 있다.

　그가 언급한 네덜란드 주택 지원 정책은 30세가 되기 전, 주택 가격 90%를 대출로 산다. 대출을 통해 대지 45평 건평 40평 정도

---
40)　박홍규,《작은 나라에서 잘 사는 길》, 휴먼비전, 2008.

표준 주택을 자기 수입의 3년 치 정도 금액으로 구입할 수 있게 했다. 대출 부담은 대개 월수입의 15% 이내이고 30년 동안 이자만 상환하게 되어 있다. 또한 공공임대주택 비율이 세계에서 가장 높다. 아예 소유하는 것을 포기하고 평생 빌려서 사는 것이다. 이 경우 대출 상환 부담도 없다.

우리는 서울에서 집을 마련하는 데 한 푼도 안 쓰고 모으면 15년이 걸린다고 한다. 관련 부처는 주택 마련하는 데 걸리는 시간을 '한 푼도 안 쓰고 걸리는 시간'으로 발표한다. 그들 월급은 다 저축할 수 있도록 남들은 모르는 복주머니를 차고 있나 보다. 어떻게 한 푼도 안 쓰고 돈을 모으나? 통계 착시현상을 노린 것이 아닌가 의심된다. 생활비 쓰고 저축한 돈으로 서울에서 집 장만하는 데 얼마나 걸릴지 가늠조차 힘들다. 30~50년 걸리지 않을까? 환갑 즈음에, 아니면 세상 떠날 때쯤. 그동안에 사람들은 전세사기 당하지 않으려고 이 집 저 집 떠돌아다니는 월세 난민으로 살아간다. 동물학자 지적대로 가임기에 가장 가난하게 사는 동물은 인간밖에 없다.

싱가포르 국부 리콴유는 "땅이 좁지만 누구나 살 집이 필요하다."라는 의지를 표명하며 공공 주택 자가 소유 정책을 강하게 밀어붙였다. 리콴유는 주택 개발청이라는 국가 기관을 통해 국가 소유 토지에 주택을 건설하여 양질의 염가 공공주택을 국민들에게 제공했다. 싱가포르 국민은 중앙 연기금에서 자금을 빌려 주택 구입자금으로 충당할 수 있다. 또한 일정 기간 동안 전매 금지를 통해 실수요자의 주택 소유가 가능했다. 싱가포르는 공공 주택시장의 비중이 90%를 차지한다.

네덜란드에서는 국민 1인당 자전거가 1대를 넘고, 인도와 자전거 도로가 차도와 같은 넓이로 되어 있다. 국민 대부분이 자전거로 출퇴근을 하고 쇼핑 등 일상생활에도 자전거를 이용한다. 독일은 미국과 같이 교육을 시장에서 구매하는 것은 야만적인 것으로 보고 대학 등록금이 무료이고 생활비(연구 보수)로 월 120만 원 정도 지원해 준다. 또한 우수(엘리트) 대학이 없고 누구나 원하는 대학에 갈 수 있다. 프랑스 일부 대학에서는 유럽연합 국적이 아닌 유학생의 경우 등록금이 오른 대학도 있다. 하지만 대부분의 대학은 그대로 무상교육을 유지하고 있다. 한국은 근로시간이 연간 2,000시간인 데 반해 독일은 근로시간이 연간 1,300시간으로 5개월이나 짧다.

한국의 노인 빈곤율이 거의 50%에 육박하는 것에 비해 독일은 3% 정도, 네덜란드는 2% 정도이다. 서울 대학교의 김수행 교수는 "양극화 해소-내수기반의 확충-경제의 안정적 성장-인권유린과 증오의 해소-사회적 대타협의 확대로 나아가는 것이 바로 유럽의 선진국들이 걸어온 길이다. 유럽의 선진국들은 1945년에 이미 사회보장제도를 확대 개선하여 복지국가를 건설했는데 한국은 60년이 지난 지금도 자살, 범죄, 인권유린이 판치는 야만 상태에 있다는 것은 매우 부끄러운 일이 아닌가."라며 "도대체 얼마나 더 성장해야 분배를 하겠다는 것일까?"라고 말했다.

"어느 나라에서든 국민의 정치 사회의식은 지식인 영향을 받게 마련이다. 지하철 노동자들이 파업할 때 불편하다고 불만을 토로하는 서울 시민들은 그렇게 부추기는 신문이나 지식인 기고 글은 자주 접한 반면 연대 중요성을 주장한 글은 만나기 어려웠다. 프랑스 국민의 65%는 자신의 소득의 일부를 떼어내 가난한 사람들의 의료비를 부담하는 것에 동의하고 있다."[41]

미국 국제 개발처 처장 앤드류 그린은 선진국 유형을 자유주의 경제, 북유럽 모델, 중간 그룹으로 분류했는데, 선진국 중에서 가장 경제성장률이 높은 그룹은 북유럽 모델이라고 주장했다.

---

41) 홍세화, 《악역을 맡은 자의 슬픔》, 한겨레출판사, 2000.

유로피안 드림과 아메리칸 드림의 비교

유로피안 드림	아메리칸 드림
포스트 모더니즘	모더니즘
공동체 내 관계, 문화적 다양성	개인 출세를 지나치게 강조
삶의 질	부의 축적
환경 보존 온전함을 느낄 수 있는 것	무제한적 발전 무자비한 노력
보편적 인권과 자연의 권리	재산권
다원적 협력	일방적 무력행사
소속으로 인한 보장 타인과의 수많은 상호의존으로 안전 보장	자율과 연관 지어 생각 재산으로 안전 보장
지속 가능한 개발, 삶의 질, 상호 의존 관계 선호	경제 성장, 개인의 부, 독립을 중시
여가 활동과 심오한 놀이	근로 윤리 중시
철저히 종교와 분리	종교 전통 및 굳건한 신앙과 불가분 관계
문화적 정체성을 보존 다문화 세계를 수용	동화주의 자주적 행위자
세계주의 색채	애국주의
군사력 사용 꺼린다 외교와 경제 원조를 통한 해결	군사력 사용 허용 치안 확립
자기나라를 생각하는 사람부터 국제적인 마인드 다양한 부류	자기 나라만 생각
포괄이고 총체적인 성격으로 지구 전체의 복리를 중시	다른 나라의 복리에 관심이 없다
살기 위해 일한다	일하기 위해 산다

하지만 시간이 지남에 따라 유럽인 특성인 포괄성, 다양성, 문화 정체성 보존 등 변화가 감지되고 있다. 새로 도착하는 난민들에 점점 적대적이 되어 가고 있으며 유럽 곳곳에서 민족과 종교 갈등이 벌어지고 반유대주의가 다시 고개를 들고 있고 이슬람 및 소수 종교 신자들에 대한 차별이 강하게 나타나고 있다. 우크라이나 러시아 전쟁으로 군비 확충을 서두르고 있으며 신자유주의가 시작된 영국의 경우 블랙시트의 영향으로 성장이 거의 멈춰 있다.

주요국 행복 점수

영국 옥스포드 대학교 웰빙 연구센터, 갤럽, 유엔 지속가능 발전해법 네트워크(SDSN)가 발표한 2025년 세계행복보고서(WHR) 147개국 기준

1위	핀란드	7,736점
2위	덴마크	7,532점
3위	아이슬란드	7,515점
4위	스웨덴	7,345점
5위	네덜란드	7,306점
6위	코스타리카	7,274점
7위	노르웨이	7,262점
8위	이스라엘	7,234점
9위	룩셈부르크	7,122점
10위	멕시코	6,979점
13위	스위스	6,935점
14위	벨기에	6,910점
15위	아일랜드	6,889점
16위	리투아니아	6,829점
17위	오스트리아	6,810점
24위	미국	6,724점
58위	한국	6,038점
66위	러시아	5,945점

2025년 3월 19일(현지시간) 영국 옥스퍼드 대학교 웰빙 연구센터와 갤럽, 유엔 지속가능발전해법네트워크(SDSN)는 '2025년 세계행복보고서'(WHR)를 펴내고 국가별 행복 순위를 발표했다.

1위는 행복 점수 7,736점을 받은 핀란드로, 8년 연속 가장 행복한 국가에 등극했다. 전반적인 삶의 질을 스스로 평가해 매긴 주관적 행복 점수이다.

한국은 147개국 중 58위로 지난해보다 6계단 떨어졌다.

5장
시련은 내공 근육을 키워 준다!

내공(內功)은 오랜 기간 무예를 수련하면서 다져진 힘과 기운, 경험을 통해 쌓은 호흡법을 말한다. 무협소설에서 내공은 기를 신체 내부에 축적하는 기술로 등장한다. 그러나 우리 서민이 펼쳐 내는 내공은 무협소설이 아닌 현실에서 살아남기 위한 방법이다.

내가 무협지에 입문한 시기는 중학교 때다. 형편이 어려워 수학여행에 가지 못했다. 대신 도서관에 갔다. 그곳에서 수학여행 기간 동안 무협지를 끼고 살았다. 군웅할거하는 여러 영웅 속에 나도 끼어 있었다. 주인공이 되어 또는 다른 협객과 같이 가문의 원수들을 무찔렀다. 하지만 무협지 속에 빠졌던 그 순간만 잠깐 행복했다. 수학여행에 가지 못한 것을 잊기 위해 몰입했을 뿐, 내공이 키워진 것은 아니었다.

내공은 삶의 현장에서 지지고 볶고 싸워서 터득한다. 내공을 길러야 할 이유는 누구도 나를 보호해 주지 못하기 때문이다. 국가는 소수자 삶을 보호하는 역할을 포기했다. 대통령도 정부도 국민을 포기했다. 우리 모두 다 언젠가는 소수자가 된다. 나도, 독자 여러분들도. 세월호와 이태원 사고 희생자는 사고 전에는 소수자가 아니었다.

문재인 대통령은 남북 간 화합할 수 있는 절호의 기회를 포기했다. 내공이 약한 대통령은 미국에 대해 스스로 자기 검열을 했고, 대한민국은 미국의 속국임을 증명해 보였다. 소한민국임을 전 세계에 알렸다. 이제 반쪽짜리 한반도, 인구밀도 세계 1위인 나라에서 지지고 볶고 싸우며 가늘고 길게, '가길러'로 살아갈 내공이 필요하다. 삶을 포기하지 말고 살아 내는 '내공' 말이다.

[내공 쌓기 1단계]
용 잡는다고 용쓰지 말고 수포자가 돼라

한 청년이 오랜 꿈이었던 용을 잡기 위해 헤매다 가까스로 용을 잡는 스승을 만났다. 10년 수련을 끝내고 "이제 용을 잡으러 가자!" 산에서 내려온 청년은 산과 들을 다니면서 용이 숨어 있을 만한 곳을 찾아 헤맸다. 10년의 세월이 지나 서른을 훌쩍 넘기게 된 청년은 어느 날 깨 달았다. 세상에 용은 존재하지 않는다는 사실을. 그 후 이 청년은 어떻게 살고 있을까? 충격적인 장면이 이어진다. 그 청년은 산속으로 들어가 용 잡는 방법을 가르치는 스승이 되었다. 이 이야기는《교육이 없는 나라》를 쓴 저자가 KAIST 동문인 박승호 작가에게 들었다는 이야기다.

우리 수학 교육은 사회에서 존재하지도 않는 용을 잡으러 다니는 것과 같다. 졸업하면 전혀 쓸데가 없는 수학을 열심히 잡으러 다니고 있다. 단지 서열을 매기기 위해서. 아니면 마치 용 잡는 법을 가르치는 스승처럼 교수와 선생에게 계속 일자리를 만들어 주기 위해서인가?

70년대 중반, 내가 KT에 합격하여 처음 발령받은 곳이 서울 중앙 전화국이었다. 기술직도 현장을 알아야 한다고 했다. 수습 기간 처음 한 일은 리어카를 끌고 맨홀 속 선로 보수작업을 하는 일이었다. 서울 시청 앞 맨홀 속이 나의 첫 작업장이었다. 그러나 리어카 운전대는 내 차지가 아니었다. 리어카 운전도 어느 정도 숙련이 필요했다. 리어카 뒤에서 직원들을 따라 시청 쪽으로 갔다. 시청 앞 맨홀 주위에 표지판을 세우고 맨홀 속으로 들어갔다. 하루 종일 맨홀 속에서 직원들 작업하는 것을 구경했다. 작업은 끝났는데, 사무실로 복귀할 시간이 남아 있어 우리는 맨홀 속에서 소주를 나누어 마셨다. 그날 내가 한 일은 근처 구멍가게에 가서 소주 두 병과 과자 한 봉지를 사 오는 심부름이 다였다.

이날부터 시작해서 내가 학교에서 배운 수학은 현장에서 리어카 끄는 일보다도 써먹을 일이 없었다. 현장 실습을 끝내고 사무실에 근무할 때도 역시 수학을 쓸 일이 없었다. 한전에 입사한 동기들도 역시 수학 때문에 애를 먹었다는 얘기는 들어 보지 못했다. 웬만큼 수리 계산이 필요한 영역의 고급인력이나 연구직이 아니면 수학 쓸 일이 전혀 없다. 나만 수학이라는 과목 때문에 괴롭힘을 당했을까? 12년 동안 부친에게 구박과 매질까지 당하면서 공부한 수학, 무려 12년 동안 존재하지도 않은 용을 잡으러 다닌 것이었다.

당시는 독재의 암울한 시기였고 사회 전반적으로 복종과 맹종의 시대라서 그렇다고 치자. 졸업하고 사회에 나와도 전혀 쓰지 않는 수학이 반세기 넘는 시간 동안 정규 교과 과정으로 이어져 내려오는데 누구 하나 이의를 제기하지 않는다. 전 세계에서 인구 대비 수학책이 가장 많이 팔린다고 하는 나라, 대한민국에서 노벨상 수

상자는 왜 나오지 않을까?

인간의 이기적 유전자는 자기가 손해 볼 짓을 절대 허용하지 않는다. 손해 볼 일이 생기면 눈에 쌍심지를 켜고 때려죽일 것처럼 대들고 때로는 단체로 들고일어난다. 불의는 참아도 불이익은 못 참는다는 한국 사람들이다. 그런데 초중고 12년을 헛공부한 수학 교육에는 그 누구도 이의를 제기하지 않는다. 말이 없다. 성적으로 서열을 매기는 숭고한 일이라서? 아니면 남들 다 가만히 있는데 내가 괜히 들고일어날 필요 없어서? 남들 가는 대로 나도 그대로 쭉~ 간다. 인간의 이기적 유전자도 '수학' 앞에서는 꼼짝 못 한다. 아이들이 불행하든 말든 상관없다. 그래서 학생들 만족도가 꼴찌인 나라이다. 아이들이 수학 공부하기 싫으면 안 해도 되는 나라, 이런 나라가 선진국이다.

한 일간지에서 서울대학교와 카이스트에 들어간 다섯 명을 한자리에 모아 놓고 수학을 어떻게 공부했는지를 물었다. 한목소리로 '수학은 암기과목'이라고 했다. 수학은 몇십 가지 유형을 모두 외운 다음, 어느 한 유형을 적용해서 기계적으로 풀면 된다고 했다. 그런 식으로 수학 공부를 했다고 한 대표적인 분이 유시민 작가이다. 한 대담 프로에 나와서 한 얘기이다.

수학을 암기해서 대학 들어가는 나라, 노벨상이 자꾸 한국을 피해 가는 이유다. 공부하면 재미있다고 하는 수학, 한국에서 재미는 사라지고 많은 학생이 싫어하는 과목이 되었다. 내가 수학 때문에 곤욕을 치른 이유는 수학이 암기과목이라는 것을 알지 못해서이다.

수학, 과학 성취도 추이 변화 국제비교 연구(TIMSS)에서 2019년도 초4의 수학 과학 성취도에서 한국은 3위, 홍콩 2위, 싱가포르 1위였다. 반면에 미국은 15위, 네덜란드 영국 등도 10위권 밖에 분포되어 있다. 한마디로 한 나라 경제와 수학 성적과는 관련이 없다.

프랑스 대학 입학 자격시험인 바칼로레아 시험은 모든 학생들에게 일반적인 국공립 대학 입학 자격이 주어지는 절대 평가 시험이다. 바칼로레아 수학 시험은 어떤 실생활에 관련된 상황을 주고 문제를 풀도록 하는 주관식 문제이며 계산기 사용도 가능하다. 푸는 과정을 중요시하는 시험이다. 한국처럼 공식을 외워 단답식 문제를 푸는 것이 아니다.

미국 동부 세인트 존스 대학에서는 수학 시간에 학생들은 자신만의 문제 풀이 방식을 준비하고 발표한다. 교수는 학생들을 가르치는 것이 아니라 학생들이 자기 생각을 발표하는 것을 도와줄 뿐이다. 모든 수업이 토론 수업이고 토론을 주도하는 것은 학생들이다. 교수는 학생들을 가르치는 것이 아니라 학생 스스로 사고하고 발표할 수 있도록 도와준다. 이곳에서 학생들은 스스로 자신들이 원하는 삶의 진로를 그려 나간다. 한마디로 대학은 자신의 생각을 키워 나가는 생각의 터전이다.

공중파 〈인간극장〉에서 미얀마 출신 완이화 일상생활을 방영했다. 완이화는 태국 등에 흩어져 사는 소수민족 카렌족 출신 중학생 가수이다. 완이화는 어머니, 두 남동생과 함께 6년 전 한국으로 이주해 4년 전 난민으로 인정을 받았다.

카렌족 사이에서 가수로 유명했던 돌아가신 아빠 영향으로 완이화는 노래를 잘했다. 엄마는 딸이 가수의 꿈을 실현할 수 있도록 한국행을 결행했지만 엄마마저 질병으로 하늘나라로 갔다.

그런데 중학생 완이화가 고등학교 진학을 앞두고 수학 때문에 힘들어하는 장면이 나온다. 한국에서 가수를 할 확률이 100%인 완이화가 왜 수학 공부를 해야 하나? 초등학교에서 배운 산수 정도만 알면 한국 사람들도 한국에서 사는 데 별문제가 없다. 도대체 왜 수학을 배우는가? 사회 나와서 수학을 써먹는 사람은 정해져 있다.

누가 수학이 필요할까? 2008년 미국 모기지 사태, 그러니까 사람 사는 집을 금융 자본 영역으로 끌고 들어와 사업모델을 설계한 사람들은 수학 전공자들이다. 끔찍한 살상 무기, 로켓을 만드는 데 자신의 지식을 총동원하는 사람들도 대부분 수학 전공자다. 인간 생활을 편리하게 하기 위해 헌신했던 수학 전공자들도 이런 끔찍한 일에 관여했던 수학 전공자에 가려 빛이 바랬다.

후진국에서 태어난 사람들이
선진국 아이들을 가르친다

우리나라에서는 1960~70년대 후진국에서 태어난 지배 세력이 2000년대 이후 선진국에서 태어난 아이들에게 후진국 교육을 시키고 있다. 그래서인지 아이들은 불행지수가 세계 1위이다. 다른 분야 세계 1위 불명예도 잔뜩 안고 있는데, 학생들의 불행지수마저 세계 1위이다.

KDI(한국개발연구원)에 따르면 대학생 1,000여 명을 조사한 결과, 고교 시절이 전쟁터였다는 기억은 81%로 다른 나라 중국 미국 4%에 비해 월등히 높았다. 지배 세력은 자기들이 정한 주입식 교육과 시험 성적으로 학생을 평가하는 제도를 이어가야 국민을 노예처럼 마음대로 부릴 수 있다고 생각한다. 이게 바로 후진국에서 사람을 부리는 방식이다. 아이들이 공부에서 해방되어 기가 살거나 주관식 교육을 받아 논리로 무장하면 안 된다.

시키는 대로 복종하는 청소년들도 문제다. 그들 뇌는 지배 세력이 심어 놓은 복종 세포가 이식되어 있다. 홍세화는 《생각의 좌표》에서 "젊은이들 대부분은 물질적 이해관계에는 영리하지만, 인간과 사회, 사물과 현상에 대해서는 거의 무뇌아 수준이다. 공부시간이 세계 최장인데도 그렇다. 불공정이나 불의를 보면 억지로 많이 참는다."라고 했다.

　한국인이 교육문제로 이민을 많이 가는 캐나다를 예를 들어 보면 캐나다는 교육적 측면만 고려하면 살기 좋은 나라가 맞다. 10대 성장기에 자녀들이 입시지옥을 겪지 않아도 된다. 개개인의 능력이 중요하지 학력이나 '간판'을 별로 중요시하지 않는 캐나다 문화와 사회 분위기가 교육 전반에 영향을 끼친다. 캐나다에서도 예외적으로 사교육을 시키는 부모가 있지만 무작정 남들 따라 하는 것보다 필요에 따라 사교육을 시킬 뿐이다. 성적이 뛰어나다고, 또 명문대에 진학했다고 해서 선망의 대상이 되는 것도 아니다.

[내공 쌓기 2단계] 대학은 쓸데도 없는 마이너스 3,000만 원짜리 졸업장을 주는 곳이다!

어떤 사람이 독수리 알을 닭의 둥지 속에 넣어 두었는데 암탉이 그것을 품어 독수리가 나왔다. 그러자 자신이 독수리인지 모르는 새끼 독수리는 주위 병아리들과 같이 자랐다. 땅을 파고 벌레를 잡아먹고 병아리들처럼 삐약삐약하며 작은 날갯짓이나 하면서 살게 되었다.

그렇게 세월이 흘러 독수리도 늙어 갔다. 물 한 모금을 입에 물고 하늘을 쳐다보던 어느 날 푸른 하늘 위로 유유히 날아가는 새를 보았다. 멋진 새였다. 자신처럼 날개를 파닥거리지도 않는데 거센 바람을 뚫고 하늘을 자유롭게 날고 있었다.

늙은 독수리는 경외심에 가득 차서 하늘을 올려다보며 말했다.

"저건 어떤 새일까? 정말 멋지군."
"독수리야. 새들의 왕이지."

옆에서 듣고 있던 닭이 말해 주었다.

"새는 하늘에서 살아. 우리는 땅에서 모래를 파먹고 살지. 저 새는 독수리이고 우리는 닭이기 때문이야."

우리 모두 자신이 개성이 넘치는 독수리인 줄 모르고 평생을 닭장과 같은 공동주택에 살다가 번아웃(burnout) 된다. 번아웃은 불타서 없어지는 것을 말한다. 불타 버릴 정도로 심신이 지쳐 불에 그슬려지는 통닭 신세와 같다. 그래서 자신을 닭이라고 믿으면 안 된다. 닭이라고 믿으면 정말 닭처럼 된다. 우리는 모두 각자 개성과 특징을 가진 독수리다. 닭장에서 탈출하라!

급변하는 시대를 바로 보지 못하는 우리 교육은 닭장 안에서 비슷한 스펙의 온순한 닭으로 사육된다. 하지만 실험실 초파리의 삶처럼 사육이 안락하고 편안한 삶도 있다.

"실험실로 옮겨오기 전에 초파리는 늙어가는 즐거움이나 고통을 경험할 기회가 거의 없었다. 야생 자연에서는 도처에 죽음의 위험이 널려 있기 때문에 초파리는 늙어 갈 기회조차 얻기 어렵다. 포식자, 기생충, 바이러스, 균류, 병균 등은 늘 초파리의 몸을 노리며 달려든다. 실험실은 이 모든 위험을 피할 수 있는 안식처를 제공했다. 공짜 음식, 따뜻한 잠자리, 그리고 포식자나 기생충이 전혀 없는 환경에서 초파리는 다른 데 신경 쓸 필요 없이 성적 충동에 탐닉하면서 주어진 수명을 다 누릴 수 있었다."[42]

한국과는 달리 네덜란드는 중학교 졸업 후 한국의 공업고등학교

---

42) 마틴 브룩스, 《초파리》, 갈매나무, 2013.

와 기술 전문대학에 해당하는 곳에 진학한다. 공부를 조금 더 해서 초급 직업학교보다 좀 더 나은 직장을 선택하려는 경우, 중급 일반 코스를 선택한다. 이곳에서 4년제 수료 후 2~4년제 중급 직업학교에 진학하여 졸업 후 중급 직업인이 된다. 이곳 역시 이론은 거의 가르치지 않고 실무 기술만을 중점적으로 이수하게 된다고 박홍규는 《작은 나라에서 잘 사는 길》에서 이야기하고 있다.

부친이 선택한 나의 전공은 오발탄

평생 실패를 거듭하던 부친이 자식만큼은 그런 고생을 면했으면 했나 보다. 부친은 기술이 있으면 취직이 잘된다는 얘기를 듣고 내 의사는 상관없이 고향의 공업고등전문대학 전기과에 원서를 접수했다.

서울 도선동 초등학교 시절, 대롱대롱 매달려 있던 유리공장 전봇대 위에서 감전사한 전공들에 대한 악몽은 나만 가지고 있었다. 시신은 등교하는 우리를 전봇대 위에서 며칠이나 지켜보고 있었다. 전기과에 입학하자, 전봇대 주검의 혼령들은 가끔 꿈에 나타나 잠을 설치게 만들었다. 이 '불길한 예감'은 차차 시간이 지나가면서 가시화되었다. 우리 모두 경험하지 않았는가? 불길한 예감은 지나쳐 가는 법이 없다. 공부가 하기 싫어 미칠 지경이었다. 5년 동안 수차례나 낙제할 뻔한 위기 속에서 간신히 졸업장을 손에 쥐었다.

　부친은 내가 그런 악몽을 가지고 있었는지 몰랐던 것 같다. 도선동 전봇대 죽은 혼령뿐만 아니라 전기공학은 내가 공부할 분야가 아니었다. 인생 황금기 5년 동안 방황하고 학교를 그만 두지 못하고 꾸역꾸역 다녔다. 중간에 학교를 그만두어야 했다. 공부만 문제가 아니었다. 충주라는 소도시에서 교수라는 이름 붙여진 함량 미달 선생들도 가끔 이유도 없이 폭력을 행사했고 동급생들 사이에서도 폭력이 난무했다. 부친이 쏜 나의 전공 선택은 한마디로 오발탄이었다. 감히 부친의 폭력이 두려워 학교를 그만둘 생각을 하지 못했다. 오발탄을 빼낼 생각을 하지 못하고 나는 장렬하게 전사했다. 5년 동안 나는 식물인간이었다.

　"한국에서는 '부모인 내가 못한 거, 네가 해라'가 곧 아이의 꿈이 돼요. 그래서 아이 재능과 흥미에 상관없이 판사, 의사들이 인생의 꿈이 되어 버리죠. 14년 전에 웨스트포인트에서 2세 한인 친구가 6층 건물에서 떨어져 자살했어요. 알고 보니 아버지의 꿈은 별을 다는 것인데 아버지가 못했기 때문에 아들을 사관학교에 보낸 것이에요. 1년 후면 장교가 되지만 원하지 않는 길이었기 때문에 극단적인 결과가 나왔어요."[43]

---

43) 박원순, 강우현 외, 《우유곽 대학을 빌려 드립니다》, 21세기북스, 2010.

대학 졸업장은 이제 필요 없다

얼마 전에 발표된 통계를 보면 택배 종사자의 50% 정도가 대학 졸업자이다. 대학 졸업장과 택배 사업은 별로 상관관계가 있어 보이지 않는다. 택배는 고교 졸, 아니, 초등학교만 졸업해서 한글만 알면 근무가 가능한 직업이다. 차라리 고교를 중퇴하거나, 중학교 졸업 학력만으로 택배업에 뛰어들었으면 대학 학자금 대출 3,000만 원의 빚이 아니라 3,000만 원 이상 저축도 가능했을 것이다. 그러나 인생에서 가장 빛나는 청춘 4년을 투자한 결과, 마이너스 3,000만 원짜리 졸업장을 얻었다. 학자금 대출만 3,000만 원이고 생활비까지 합치면 1억 원짜리 졸업장이다. 거기에다 알바를 하거나 직장을 다녔으면 벌었을 '기회 수입'을 더할 경우, 약 1억 5천만 원의 돈이 4년 동안 없어지는 돈이다.

대학 졸업장이 필요 없는 곳은 은행도 마찬가지이다. 은행은 당신의 성적표를 요구하지 않는다. 은행에서는 당신 성적표에 관심이 없다. 은행은 당신 거래 내역과 은행 잔고 증명과 같은 실질 자산을 보고 거래를 결정한다. 그래서 제도권 교육을 받아야 사람 구실을 할 수 있는 것도 아니다. 반대다. 빨리 제도권 교육, 닭장을 탈출해서 먼저 사회에 나올수록 성공의 길이 열려 있다.

가까운 일본만 해도 대학 진학률이 한국처럼 이렇게 높지 않고 고등학교 졸업 후 취업하는 청년들 비율이 매우 높다. 전문적으로 공부를 하거나 특별한 전문직으로 갈 사람들만 대학 진학을 하는데 비해 한국은 고교 졸업생들 거의 다 대학에 진학한다. 졸업 후에는 공무원 시험 준비를 하거나 택배업에 종사한다.

스위스는 세계에서 가장 부유하고 산업화된 나라다. 그런데 이 나라 대학 진학률은 놀랍게 선진국 중 가장 낮아서 1990년대 초까지만 해도 다른 부자 나라 대학 진학률의 3분의 1밖에 되지 않았다. 1990년대 중반까지 대학 진학률 10~15%로도 세계 최고의 생산성을 기록한 스위스의 사례를 고려할 때 그보다 더 높은 대학 진학률은 사실 불필요하다는 것을 알 수 있다.

수많은 사람들이 학교를 중퇴하고 자기가 하고 싶은 일을 찾아갔다. 학교 울타리 밖 세상은 더 큰 학교이다. 나가서 배울 것이 더 많다.

"대학 중퇴는 내 인생 최고의 결정이었다."

스티브 잡스가 한 말이다. 마이크로소프트, 구글, 델, 오라클, 페이스북, 트위터, 월트 디즈니, 드림웍스, 이 세계적 기업에는 공통점이 있다. 모두 학교를 중퇴한 사람들이 창업해 세계 일류기업으로 만들었다는 것이다.

공전의 히트를 친 회색 인간, 세상에서 가장 약한 요괴, 13일의

김남우 등의 베스트셀러 작가 김동식은 중학교 1학년 중퇴에 검정고시 출신이고 10년 넘게 주물공장에서 일했다. 인도의 신성 마하트마 간디는 '노예의 쇠사슬을 끌고 정규 교육을 받느니 차라리 자유를 위하여 무지한 채로 돌을 깨는 편이 낫다'며 세 아들을 학교에 보내지 않았다. 간디는 소박함과 봉사의 정신을 가르쳐 줄 수 있었던 자신의 교육 방식을 한 번도 후회하지 않았다.

이세돌, 서태지, 이외수 등 대학을 졸업하지 않거나 정규 교과과정을 밟지 않고도 자기 분야에서 최고가 된 사람들을 볼 수 있다. 이들은 자기가 독수리임을 알아차리고 닭장에서 탈출한 것이다. 현대 정주영 회장은 닭장 근처에는 가지도 않고 처음부터 독수리로 살았다.

다시 현실을 돌아보자, 학문 연구 목적이 아닌 취업 목적으로 대학을 간다는 것은 나그네쥐가 되는 것과 다름없다.

"이른 봄 아직 눈이 녹지 않은 상태에서 이리저리 떼로 몰려다니다가 강물로 떨어지는 절벽에서 앞서가던 쥐들이 미처 멈추지 못한 상태에서 뒤에 따라오던 쥐들이 덮치면 떼로 빠져 죽는 것이다."[44]

독일과 프랑스, 네덜란드 등 북유럽 대학의 경우, 등록금이 무료

---

44) 최재천,《숲에서 경영을 가꾸다》, 메디치미디어, 2017.

이거나 아주 저렴하다. 최근까지 등록금이 없던 프랑스도 2019년부터 비유럽에서 온 유학생들에게는 연 2,800~4,000유로까지 등록금을 받을 수 있도록 법을 개정하였으나 아직도 25개 대학은 무료 등록금을 유지하고 있다.

서울대학교에서 인구학을 연구하는 조영태 교수는 두 딸에게 "너희는 공부를 열심히 안 해도 앞으로 이만큼은 살 수 있다. 세상이 바뀌고 있다. 고등학교 졸업하고 3년만 놀다 대학 가자. 3년 후면 대학이 학생을 모셔 가기 위해 경쟁을 할 테니까, 너는 쉽게 대학에 가서 좋고 아빠는 돈 안 내서 좋고." 이 이야기는 최재천 교수의 책 《최재천의 공부》 261쪽에 나오는 내용이다. 대학을 꼭 20세가 되기 전에 갈 필요가 없다. 자기 적성을 알고 나중에 필요에 따라 나이 들어서도 천천히 가는 것이 좋다. 등록금이 없어진 세상에서 말이다.

[내공 쌓기 3단계]
지금까지의 성공은 깨끗이 잊어라!

어느 날 도서관에서 돌아오니 부엌에 설치한 끈끈이에 고양이 새끼가 납작하게 붙어서 말똥말똥 눈을 크게 뜨며 나를 올려다보았다. 측은하게. 마치 내가 오기를 기다렸던 것처럼. 찍찍이에 붙은 고양이를 보니 머리에서 쥐가 났다. 쥐를 잡으려다 고양이를 잡았다. 끈끈이가 그렇게 힘이 센 줄 몰랐다. 고양이가 붙어서 떨어지지 않았다. 고양이를 떼어 내도 살 수 있을 것 같지 않았다. 어둑해질 때까지 기다렸다가 언덕 위에 갖다 버렸다.

단칸방은 한심했다. 여름에는 덥고 겨울에는 추웠다. 어느 해인가는 잠을 못 잘 정도로 더웠다. 해가 지고 선선해질 때, 저 멀리 동문 밖에 나가 한 바퀴 돌고 와서 잠들곤 했다. 여름엔 부엌으로 수시로 쥐가 드나들고 가끔 고양이도 들락거렸다. 부엌에 쥐를 잡기 위해 끈끈이를 붙여 놓았다.

한겨울이면 화장실이 문제였다. 마당에 있는 화장실은 한겨울이면 얼어붙어 공원 화장실을 이용했다. 공원 화장실을 폐쇄하는 추운 날에는 5분 거리 군청에 가서 볼일을 봤다.

돌이켜 보면 나의 청소년기는 참 흐린 날이 많았다. 아주 찌푸린 날도 많았다. 어린 시절 나는 바깥세상이 너무나 궁금했다. 또

어릴 때 처절하게 겪었던 가난도 면하고 출세도 하고 싶었지만 고향에서는 내 꿈을 펼치기 어려웠다. 20대 접어들자 조금씩 서광이 비치기 시작했다. 지긋지긋한 전기과에서 원하던 경영학과에 편입을 했다. 졸업을 했고 성적이 좋아, 아니, 운이 좋아 해병대 장교 시험에 합격했다.

해군사관학교에 입대하니 내가 지원한 병과 동기들은 거의 SKY였다. 내가 지금도 연락하고 지내는 S대 친구들은 지옥과 같은 그곳에서 만났다. 제대 무렵 그룹 계열사에서 나를 특채해서 제대 다음 날부터 출근했다. 도시로 나와서 제대 후 대기업에 다닐 때까지만 해도 바로 성공의 문 앞에 도착한 것으로 보였다. 모든 것이 순조로웠다.

관리부에 근무할 때 법인 인감과 사용 인감을 신입 사원인 내가 관리했다. 이상해서 다른 회사에 다니는 동기에 물어보니 자기 회사 인감은 부장이나 이사가 관리를 한다고 했다. 그래서 나름대로 인정받았다고 생각했다. 마치 세상이 나를 중심으로 돌아가는 것으로 착각했다. 딱 여기까지였다. 회사를 그만둔 후부터 일이 꼬이기 시작했다.

지금까지 내가 이룬 성공을 잊어야 하는데 그러지 못했다. 오만했다. 오만의 극치는 별다른 준비도 하지 않고 부친과 똑같이 남의 말만 듣고 사업을 시작한 것이었다. 평행이론이 시작되었다. 내가 전기과에서 굳이 경영학과를 선택한 이유는 부친의 사업 실패 때문이다. 왜 그렇게 계속 실패하는지 궁금했다. 그래서 경영학 공부만 하면 사업해도 실패하지 않을 것 같았다. 개뿔, 나중에 알았지만 부친의 실패는 남의 말을 잘 듣는 것에서 출발했다.

부친도 상고 출신이다. 내가 다녔던 경영학과도 상대다. 상고, 상대는 창업에 도움이 안 된다. 창업과는 거리가 먼 학문이다. 상고, 상대에서 배우는 상과 공부는 대기업의 훌륭한 머슴이 되기 위한 실천 학문이었다. 지인 권유로 사업을 시작했다. 내 판단이 아니라 지인의 말에 따랐다. 물건을 대 줄 테니 팔아 보라고 했다. 부서마다 담당자를 채용했다. 창업 초기라 매출은 뻔한데 인건비를 감당할 수 없었다. 나는 창업의 기본이 안 돼 있던 사람이었다. 창업은 지식이 많고 적음이 아닌, 돈 1원의 가치를 아는 사람이 성공한다. 망하고 나서 얻는 깨달음이다. 그 대신 망하면서 받은 상처로 인해 인생의 깊고 오묘한 의미를 깨달았다.

경영학이라는 학문이 필요한 시기는 적어도 매출 100억 정도 되어야 하지 않을까? 경험이 없어 잘 모르겠다. 하여간 경영학은 창업에 무용지물이다. 아니, 걸림돌이다. 자만하니까. 지금의 성공을 만들어 준 학문과 경험은 창업에 방해가 된다. 나의 성공 발판이 된 회사는 내가 회사를 떠나는 순간, 회사 명함이 아닌 이름도 생소한 다른 명함으로 바뀌는 순간, 더 이상 나는 그전의 내가 아니다. 회사 명성과 브랜드가 사라지는 순간 세상은 '언제 봤냐'로 바뀐다.

나를 감싸고 있던 내 것은 이제 내 것이 아니다!

　직원으로 근무할 때 좋은 성과는 회사 명함 때문이다. 퇴직하면 그야말로 개털이다. 아니, 개밥이다. 어느 들개가 와서 내 밥그릇을 뺏어 갈지 모른다. 사업 세계는 마치 들판에서 먹이를 찾아야 하는 들개와 같다. 선생님 말씀에 잘 따르는 학교 모범생, 상사 지시대로 움직이는 대기업 출신들이 사업에서 성공하기 어렵다. 사업 현장은 술수와 잔머리, 수 싸움이 치열하다. 독립군으로 광야에서 홀로 수많은 식인 인간들과 부딪히면서 헤쳐 나가야 한다. 성공한 사업가가 되기 위해서는 찬란했던 과거를 죽이는 작업이 필요하다.

[내공 쌓기 4단계]
다단계는 부비트랩이다

혹시 부비트랩을 아는가? 부비트랩은 사람이 다니는 길목에 폭발물을 장치하거나 철사와 같은 것으로 연결해 건드리면 터지게 해 놓은 폭발물을 말한다. 부비트랩은 다수의 사망자를 발생하게 하는 대량살상 무기이다.

인생이라는 것이 참, 뜻대로 안 된다. 이전에 벌어졌던 전투는 개인화기로 치른 소규모 전투였지만 내가 경험한 다단계는 대규모 살상을 수반하는 부비트랩이었다. 대열에서 낙오되고 스트레스로 생긴 아토피는 나를 강화도로 강제 유배시켰다. 이 시절 내가 생계를 위해 할 수 있는 일이 많지 않았다. 그때 다가온 다단계는 내가 암흑에서 바깥세상으로 나갈 구원의 동아줄과 같았다. 하지만 시시각각 나를 옭아맬 포승줄로 바뀌어 가고 있는 것을 알아채지 못했다. 이 과정에서 나는 어리석게 스스로를 옭아매는 일에 최선을 다했다. 다단계 회사의 중국 진출에 대비하여 백만 원을 빌려서 대만에도 갔다. 태국에 갔다가 삼십 년 만에 친구를 만나 다단계 사업을 권유하기도 했다.

가장 민망한 일은 그룹 계열사 사장으로 있던 옛 직장 동료에게 30년 만에 전화를 해서 회원 가입을 권유했던 일이다. 상대방 입장에서는 황당했을 것이다. 30년 만에 전화가 와서 반가운 마음에 받았는데, 다단계를 권유하다니. 이 지면을 빌어 사과드린다.

다단계는 친인척은 물론 친소를 가리지 않고 많은 사람에게 정신적인 피해를 입힌 부비트랩이었다. 아니, 나 자신이 가장 많은 피해를 입었다. 처음 나를 A 다단계에 소개한 사람은 여자 한의사였다. 이분은 나를 인신매매하듯 센터장에게 인계하고는 바람처럼 사라졌다. 그날 이후 그분은 코빼기도 보이지 않았다. 내가 열심히 해서 성과를 내면 내 덕을 보려고 한 것 같았다.

이런 사람들이 다단계로 불러낼 때, 공통점은 대박 사업이라고 허풍을 떠는 것이다. '대박'이라는 소리에 솔깃해서 사당역 근처 센터까지 왕복 5~6시간을 마다 않고 달려갔건만 이 대박이는 사람들이 그냥 하루 세끼 밥 먹는 만큼이나 흔한 그저 입으로만 하는 '입' 서비스에 불과했다.

대박이 쪽박이 된다는 사실을 알기까지는 그렇게 오랜 시간이 걸리지 않았다. 나의 스폰서가 된 센터장은 치약 나부랭이를 팔아 보라고 등을 떠밀었다. 치약을 팔아서는 도저히 내 생계를 유지하는 것이 가능할 것 같지 않았다. 다단계에 대한 거부감은 없었지만 "다단계는 내 운명이 아닌가 벼." 잊어버렸다.

가입 후 7년이 지난 후 다단계를 다시 시작한 것은 지역에 매장이 생겼기 때문이다. 그 사이 품목도 많이 늘어나서 가끔 물건을 구입했다. 또 노력한 대로 거둘 것이라는 매장 관계자 말에 또다시 솔깃해졌다. 사업이 정직하다는 것이다. 그저 묵묵히 일확천금을 바라지 않으면 뜻한 바를 이루어 낼 수 있는 농사와 같은 것이라고 했다. 그래서 속는 셈 치고 수도권의 한 지역 센터에서 다시 시작하기로 했다.

센터장은 강의를 하면서 "조금만 노력하면 그래도 한 달에 2백만 원은 손에 쥘 수 있다."라면서 열정이 넘치는 사람이었다. A 다단계가 최고라고 강의하던 센터장의 열정적인 모습은 사기였던가? 난데없이 갑자기 사업을 그만두고 금융 다단계로 튀어 버렸다.

그러던 어느 날 검색하다가 오너인 회장 일가가 배당금으로 2010년부터 10년간 2,100억이나 챙겨 갔다는 사실을 알게 됐다. 회원들은 동서남북, 사시사철 회원 모집에 땀을 흘리고 있는데 회장 일가는 배당으로 2,100억이나 챙겨 갔다. 선량한 관리자로서 신의성실 원칙 위반이다. 세월이 지나고 보니 회장이라는 사람은 교회 장로로 위장한 졸부에 지나지 않았다. 대동강 물을 팔아먹은 봉이 김선달도 그에게 한 수 배워야 한다. 회장의 거액 배당을 위해 나 같은 회원들이 무료 봉사했으니 말이다.

내 스폰서가 금융 다단계로 튀지 않았다면 내가 다단계를 계속했을까? 물론 그럴 수도 있다. 하지만 회장의 이런 모습을 보고, 더구나 그가 장로라는 것을 알고 나서는 그만두었을 가능성이 크다. 참, 나란 인간은 이런 일을 참고 견디는 것에 익숙하지 않다.

[내공 쌓기 5단계]
내공은 때로는 악의 얼굴로 찾아온다

어느 가을날, 밤도 야심한데 허름한 차림의 형사 두 명이 집에 찾아왔다. 영화에서 보듯 우람한 체격의 형사는 아니었다. 마른 체격, 운동화에 점퍼, 내가 도망갈 것을 대비한 차림이었다. 뭐 그리 놀랍지 않다. 누군가 나를 고소했을 것이다. 경찰서에서 조서를 꾸미기 위해 자리에 앉자, 고소인을 알려 준다. 그 누군가는 내가 채무현황표를 만들어 준 심 모 사장이었다.

경찰에서 조서를 꾸민 지 보름 정도 시간이 흘렀을까? 검찰청에서 출석하라는 통지가 왔다. 인천 검찰청에 갔다. '내가 사기를 칠 것 같으면 내가 채무현황표를 만들어 주겠나?' 돈 갚을 형편이 되면 바로 갚겠다고 확인해 주었다. 덕분에 '혐의 없음'으로 결론이 났다. 그러자 이번엔 그분이 민사로 걸어왔다. 하지만 민사든 형사든 나의 경제 사정이 나아지지 않았다. 민사 재판에서 결정된 금액의 지급을 미루자, 이번에는 통장 압류가 들어왔다.

사업 실패로 신용불량자 신세를 벗어나자마자, 이번에는 통장 압류였다. 등기 속달로 배달된 우편물을 보니 채무가 대부 업체로 넘어갔다. 담당자가 만나자고 전화가 왔다. 카페에서 만나 매월 상환하기로 하고 통장 압류를 풀었다. 마침 그때 취업이 됐기 때문이다. 사실, 경찰에 들락거린 것은 이번이 처음은 아니었다. 서울에 거주할 때도 파출소로 불려 나갔다. 그때는 파출소 형사에게 사기를 당했다.

그 얘기다. 어느 날 동네 파출소에서 방문해 달라고 연락이 왔다. 벌금을 안 내 형사 고발을 당했다는 것이다. 담당 형사는 왜 벌금을 내지 않았는지 물었다.

"벌금이 너무 많아 아직 못 냈다."

형사는 "그럼 벌금이 너무 많아 못 내고 있으니 법원에 가서 벌금을 깎아 달라 하자."라고 했다. 이런 반가운 소리가~ 아침에 파출소로 달려갔다. 그런데 한참을 지나도 담당 형사는 법원 가자는 소리를 안 한다.

파출소 안에 있는 다른 형사들이 왜 왔느냐고 묻는다. 사정 얘기를 하자 마치 이 상황을 모두 알고 있다는 듯 야릇한 미소가 지나간다. 1시간쯤 지나자 호송차에 타라고 한다. 아니 근데, 법원 가는 길이 아니다. 반대쪽으로 가고 있다. 도착한 곳은 경찰서다. 유치장으로 안내되었다. 혹시 나와 비슷한 처지의 몇 명이 모여서 법원으로 가는 걸까? 그런데 뭔가 좀 잘못 돌아가고 있는 것 같다. 30분 정도 지나자 이번에도 역시 호송차에 타라고 한다. 차는 어느덧 강남 방향으로 향하고 있다.

그런데 서초구에 들어서자, 가는 곳이 법원 건물이 아니라 검찰청 건물이다. 검찰청에 도착하니 담당자가 벌금을 내지 않으면 구치소로 넘긴다고 했다. 설마 형사가 사기를 쳤을까? 그렇다! 형사가 사기를 친 것이다. 집으로 찾아와서 데리고 가는 수고를 덜고 제 발로 기어 오도록 형사가 거짓말을 한 것이다. 귀여운 사기이다. 파출소 근무자들의 야릇한 미소는 이런 수법이 일반화되었다는 것을 의미했다.

내가 끌려온 이유는 매장에 차압 딱지 붙인 상품을 팔았기 때문이다. 형사 사건이라고 하지만 벌금이 무려 2백만 원이 나왔다. 평생 사업을 해 본 적이 없는 판사가 망한 사람에게 엄청난 선물을 했다. 2백만 원! 출석을 해서 전후 사정을 하면 경감된다는 것을 몰랐다. 드디어 검찰청에 도착하여 유치장에 갇혔다. 이제 30분만 지나면 형무소에서 벌금만큼 형을 살아야 한다. 마침 지인과 연락이 돼서 가까스로 입금하고 풀려났다. 벌금을 보내 준 지인은 나와의 만남을 명리적으로 어떻게 해석할까? 궁금하다. 명리학에 통달한 이 지인은 나중에 《여수명리》라는 책까지 내서 궁금해서 하는 말이다. 50대에도 도대체 풀릴 생각이 없는 내 운은 비루하고 치사했다! 재물 신은 안 오고 경험 신이 또 붙었다. 경험 부자다!

2020년도 가을부터 시작된 이분에게 갚아야 될 채무는 5년이 지난 24년 가을에 끝났다. 한 번도 연체되지 않고 5년 동안 갚았다. 나도 돈을 갚게 되어 기쁘다. 그분도 힘들어 번 돈인데 갚게 되어 참 다행이다. 소중한 돈이다. 누구의 돈도 소중하다. 내 돈도 남의 돈도. 내가 돈을 갚은 일이 이렇게 뿌듯할 줄이야. 좌우간 사업은 어설프게 하면 안 된다. 사업을 잘하지 못하면, 망하고 난 뒤 여러 종류의 인간들과 만나게 된다.

[내공 쌓기 6단계]
교회에 다니지 마라!

22년 12월 30일 사면된 이명박이 "대한민국 번영을 위해서 기도하고 역할을 하겠다."라고 말했다. 나는 이 말을 듣고 영화 〈밀양〉에서 유괴범이 한 말 "나는 벌써 하느님으로 용서를 받았다."가 떠올랐다.

영화 〈밀양〉에서 신애(전도연 분)는 아들을 유괴로 잃는 불행한 일을 겪은 후 종교에 깊이 의지하게 된다. 시간이 흘러 아들을 죽인 유괴범을 용서하겠다는 결심을 한 신애는 감옥에 있는 유괴범에게 면회를 갔으나 유괴범은 되레 신애를 위로하며 "나는 벌써 하느님으로부터 용서를 받았다."라고 한다. 그 말에 큰 충격을 받은 신애, "내가 그 인간을 용서하기도 전에 어떻게 하나님이 그 인간을 먼저 용서할 수 있어요?"라고 절규한다.

이명박은 국민 세금 20조로 생명이 살아 움직이는 4대강을 유괴하고 살해하는 자금으로 썼다. 옛 4대강은 살아 돌아오지 못했다. "제가 설령 4대강 사업으로 우리나라 국민소득이 미국을 능가해도 저는 안 하겠습니다. 물속에 있는 그 아이들을 알기 때문에 저는 절대로 하지 않습니다."라며 4대강 사업을 반대했던 최재천 교수에게 이명박은 세무 조사를 선물했다. 교회 장로가 하는 짓이라고 믿어지지 않는다.

이명박은 이제 아무것도 하지 말고 가만히 있으면 된다. 대한민국의 번영은 이제 필요 없다! 그가 얘기하는 번영은 기후 위기를 악화시키고 가진 자를 더 살찌게 하는 불평등만 유발할 뿐이다. 지금은 나눔과 공생이 필요한 시기다. 당신은 이미 대한민국 번영을 위해서라는 명분으로 멀쩡한 4대강에 국민 혈세 20조를 쏟아부었다.

현대건설 사장 시절, 계열사 신입사원이었던 나를 원조 '안티MB'로 만들어 준 이명박, 서울시를 하느님께 봉헌하겠다는 등 헛소리와 온갖 범죄를 다 저지르고 출소 후에 '기도하겠다'는 이명박 얼굴이 "벌써 나는 하느님으로 용서를 받았다."라는 영화 〈밀양〉의 유괴범 얼굴로 다가온다. 이명박은 4대강을 유괴하고 살해한 유괴범이다. 신은 없다는 확신을 심어 준 것도 이명박이다. 신은 없다!

"이명박이 네티즌과 대화한다고 해서 인터넷에 질문을 올리라고 하니까 재밌는 것들이 많더라고요. '본인은 하느님께 언제 봉헌하실 건가요?'라는 질문도 있고요."[45]

교회를 다니는 사람들이 아량이 있고 관용, 또는 도덕적일까? 아니다! 기독교인은 관용과 아량, 도덕적 가치와는 거리가 먼 사람들이다. 그들이 교회를 다니는 동기가 불순하기 때문이다. 오로지 나를 위한, 나의 출세를 위한 수단으로 교회를 선택하기 때문이다. 교

---

45) 김수행, 《김수행, 자본론으로 한국경제를 말하다》, 시대의창, 2009.

회에 다니지 않았다면 마음에 걸렸을 일도 교회에 다니면 아무런 불편을 느끼지 않게 된다. 한국 교회는 물신주의 풍요가 인생의 가장 중요한 가치인 사람들에게 최적화됐다. 신도들이 그렇게 만든 거다. 교회는 신도에게 천당 표를 파는 회사와 같다.

교회에서는 다양한 사람들과 인맥을 쌓고 도움을 주고받는다. 교회는 남보다 높아지고 남보다 많이 가졌다는 것을 예배시간에 신도들에게 알린다. 그래서 부러움과 경쟁심을 유발하며 이기심과 탐욕을 머리끝까지 끄집어 올려 준다. 누가 헌금을 많이 해서 천당으로 갈 수 있는지도 공지한다.

윤석열은 독재 권력을 꿈꾸다 헌재의 파면결정이 나오자 "사랑하는 대한민국과 국민 위해 늘 기도하겠다."라고 했다. 이명박과 닮은 꼴이다. 어이가 없다. 대한민국은 당신이 사랑하지 않아도 된다. 국민을 위한 기도도 필요 없다. 당신 걱정이나 하시라. 감방에 갈 예정이거나 갔다 온 사람들이 믿는 하나님은 가짜이거나, 그들이 믿는 하나님은 없거나 둘 중의 하나이다.

"내가 치를 떨며 분노하고 정말 칼로 잔인하게 난도질을 해서 죽여 버리고 싶은 상대방이 있었다. 계약 조항에도 불구하고 나를 속이는 자들이었고 그들 중 대다수는, 놀라지 마라, 전부 다 기독교인이거나 천주교인이었고 장로들도 있었고 목사가 된다고 하면서 야간 신학대학원을 다니던 10새끼도 있었다."[46)

프랑스인들이 가장 존경하는 피에르 신부는 "사람을 굳이 둘로 나누어야 한다면 믿는 사람과 믿지 않는 사람으로 나누어지는 게 아니라 이웃 사랑을 실천하는 사람과 그렇지 않은 사람으로 나누어진다."라고 홍세화는 《생각의 좌표》에서 언급했다.

"하나님도 잘못하면 나한테 맞는다."라고 말하는 사이비 목사가 활개 치는 세상에서 최재천은 《최재천의 공부》에서 "하나님을 말씀으로 받아들이지 않고 의인화한 하나님으로 생각하면서 목사님이 하나님으로 되는 오류가 나온다."라고 했고, 이 얘기가 가슴 깊이 와닿는다.

---

46) 세이노, 《세이노의 가르침》, 데이원, 2023.

[내공 쌓기 7단계]
내공 쌓기의 최고 단계는 경청이다

서울 당산역에서 사당역으로 가는 2호선 지하철을 탔다. 승객이 많지 않아 우연히 건너편 자리를 쳐다봤다. 많이 본 듯한 분이 앉아 있다. "혹시, 홍세화 선생님 아니세요?" 묻자, 미소를 지으면서 고개를 끄덕이셨다. 말없이. 많은 영화를 보았지만, 홍세화 선생과의 첫 만남은 그야말로 영화의 한 장면이었다. 베스트셀러《나는 빠리의 택시운전사》저자를 전철 안에서 만나다니.

그 당시 홍 선생은 진보 신당 대표였다. 그래도 정당 대표인데 혼자, 그것도 지하철을 타고 다닌다? 권위주의로 무장한 정치인들이 득실거리는 한국 땅에서 이렇게 혼자 다닌다? 낯선 장면이었다. 폼 잡기 위해 정치인이 되는 허접한 인간들도 많다. 대표적인 분이 당시 여당 대표와 총리를 거쳐 얼떨결에 대통령 권한 대행까지 지낸 장로님이시다.

나는 그날 홍 선생과 열차에서 많은 대화를 나누었다. 홍 선생과 노무현에 대해 많은 얘기를 했던 것 같다. 노무현 당선에 나의 소중한 표를 행사하였으나 그는 대통령이 되고 나서 그를 뽑아 준 사람의 바람과는 정반대로 움직였다. 흔히 하는 말로 좌회전 깜빡이를 켜고 급우회전을 한 것 말이다. 그래서 노무현이라는 인간이 참 궁금했다.

홍 선생은 가만히 듣고 잔잔한 미소만 지을 뿐이었다. 물론, 가끔 한마디 하시곤 했다. 내가 반대로 홍 선생 입장이었으면 말을 많이 했을 것이다. 나이 먹은 것들은 아랫것들에게 말이 많은 것이 정상이다. 왜? 많이 안다고 생각하니까? 홍 선생은 그러지 않았다. 남의 말을 경청하는 데는 최고 경지에 이른 내공의 소유자였다. 다른 무림 고수들은 감히 흉내도 못 내는 무림의 최고봉이다.

홍 선생과 첫 만남은 순식간에 끝났지만, 나는 이 내공 고수를 잊을 수가 없었다. 하지만 그 당시 먹고살기 바빠, 아니, 마음의 여유가 없다는 말이 맞을 것 같다. 바로 연락을 못 드렸다. 2년 정도 지난 후 생활이 조금 안정이 되자, 홍 선생 이메일로 연락을 드려 조촐한 식사 자리를 마련했다. 그날 이후 나는 홍 선생과 같이 많은 모임에 참석했다.

2024년 잔인한 4월 18일, 돌아가신 홍 선생이 우리 회원에게 남긴 마지막 말은 '겸손'이다. 홍세화가 어떤 사람이냐고 묻는다면 나는 한마디로 '홍세화는 겸손한 사람이다'로 정의할 수 있다. '경청'은 홍세화 같은 겸손한 사람만이 가능한 덕목이다. 건방진 사람은 말을 많이 하고 들으려고 하지 않는다. 용산에 계시다가 탄핵당한 그 누구처럼 말이다.

"리더가 말을 줄여야 함께 일하는 사람들이 창의성을 발휘할 수 있다. 윗사람이 입을 떼는 순간 아랫사람들은 영원히 입을 다문다. 그래서 나는 3년 동안 정말 어금니가 아플 정도로 참았다. 나중에 월례 조회에서 그저 10~20분 뼈 있는 얘기를 조금씩 하기는 했지만 나는 정말 되도록 말을 줄이기로 굳게 결심하고 지키려 노력했다. 직원들의 창의성이 꽃 피려면, 조직이 성장하려면, 우두머리 입에 재갈을 물려야 한다. 처음 몇 차례 처참하게 실패하더라도 긴 안목으로 보면 이를 악물고 참으며 실패의 아픔마저 감수해야 한다."[47]

남의 말을 듣지 않는 대표적인 사람은 교수다. 오래전 일이다. 전주에 MT가 있어 참가했다. 비교적 진보학자들 모임에 내가 교수가 아닌 민간인으로 참석했다. 비교적 진보적이라는 얘기는 나는 이분들이 진보 또는 좌익인지 확실히 모른다는 뜻이다. 아니면 중도, 우익이고 무늬만 진보학자일지도. 왜 있지 않은가? 취미 삼아서 진보 흉내 내는 분들. 전혀 절박함이 없는 분들.

초청자는 전주 모 대학교수이다. 이 분이 '국민의당'으로 다음 해 선거 출마한다고 했다. 뭔가 좀 이상하다. 전주 시내 술집 순례가 시작됐다. 1차, 2차, 3차 숙소에 와서도 술 파티다. 아무도 얘기하는 사람이 없어 신참이자 아웃사이더인 내가 이분들에게 싫은 소리를 했다. "이게 무슨 MT인가? 그냥 술 파티다." 확실한 목적과 절박한 심정으로 촘촘하게 짜인 1박 2일 다단계 교육을 경험

---

47) 최재천,《숲에서 경영을 가꾸다》, 메디치미디어, 2017.

했던 나는 이렇게 목적도 희미한 MT라는 이름으로 시간을 낭비하는 것이 좀 낯설었다. 아니, 화가 났다. 나에게는 단돈 만 원이 아쉬울 때이기도 했다.

 발언을 독점하면 안 된다는 것은 토론을 하거나 단체 생활을 하는 데 있어서 기본이다. 더군다나 술이 한잔 들어간 상태에서 하는 얘기는 더 조심해야 한다. 말실수가 나온다. 숙소 3차 술자리에서도 또 한 분이 남의 얘기를 가로채고 얘기를 독점했다. '이제 그만 하시라'고 하는데도 계속한다. 최소한의 예의도 없고 안하무인이다. 이 지역의 대학교수라고 한다.

 이분들 직업병이다. 직업병은 강의실에서 족하다. 강의실을 나서면 많이 들어야 한다. 민간인인 내가 싫은 소리를 해서인지, 모임 총무는 다시는 모임에 나를 초대하지 않았다. 이런 사람들이 한국의 진보 지식인 흉내를 낸다. 이런 직업병 있는 사람이 학교 밖으로 나오면 안 된다. 남의 말을 안 듣고 자기 말만 계속하는 사람은 계속 학교에만 머물러야 한다. 특히 국가 중대사를 결정하는 각료나 청와대에 교수 출신을 중용해서는 안 된다. 교수는 연구하고 가르치는 사람이지 전문가는 아니다.

 가장 좋은 사례가 문재인 정권에서 소득 주도 성장을 주도했던 정책실장이다. 최저 임금에 대해 좀 더 현장에 있는 사람들 목소리를 듣고 반영을 했어야 옳다. 최저 임금이 아니어도 얼마든지 일할 사람이 있다는 소리 말이다. 경제 분야는 이론과 실제는 많이 다르다는 것을 그가 학자이기 때문에 몰랐던 것을 우리는 당연하게 생각해야 할까? 아니면 소득 주도 성장이 진보진영의 오랜 시간 숙원 사업이었기 때문에 확신으로 인한 오류일까?

소득 주도 성장에 대한 부작용으로 매장에서는 사람 대신 않고 로봇을 고용했다.

"2018년 최저임금을 대폭 인상한 첫해 고용지표와 분배지표가 모두 나빠진다. 2018 년에 취업자는 전년 대비 9.7만 명이 증가했다. 취업자가 9.7만 명이 증가한 것은 과거와 비교할 때 많이 늘어난 것일까? 아니면 왕창 줄어든 것일까? 결론부터 말해 2018년 취업자 증가 규모는 '고용 쇼크' 수준이었다."[48]

정책실장이 정책의 우선순위를 잘못 정했다. 집값이 천정부지로 올라가는데 최저 임금 인상? 임금 인상분을 건물주에게 갖다 바치는 꼴이다. 천정부지로 뛰는 부동산. 왜 그의 정책 제1순위는 부동산 가격 안정이 아니었을까?

현장 경험이 없는 사람은 전문가가 아니다. 현장 경험을 대신할 수 있는 방법은 현장의 의견을 충분히 듣는 일이다. 한국에서는 쓸데없이 교수가 과대평가되어 있다. 교수는 만병통치약이 아니다.

---

48) 최병천, 《좋은 불평등》, 메디치미디어, 2022.

그래서 식상하다. 교수가 됐든, 고수가 됐든 들어야 할 때는 최재천 말처럼 듣고 또 듣고 이를 악물고 들어야 한다.

[덧붙임]

이분은 《한국의 자본주의》라는 책을 써서 한국 자본주의에 대한 깊은 통찰을 보여 주었지만 "진보 좌파 노무현의 '권력은 시장으로 넘어갔다'는 발언은 그 내용을 살펴보면 재벌들이 개혁에 조직적으로 저항하는 것을 한탄한 것이기 때문에 '권력은 재벌로 넘어갔다'고 해야 할 말을 잘못한 것이었다."라는 오류가 그의 저서 137쪽에서 발견된다. 전제가 틀렸다. 노무현은 진보 좌파도 아니고 '권력이 시장이 넘어갔다는 얘기가 재벌이 개혁에 조직적으로 저항한 것을 한탄한 것'이라는 얘기는 노무현이 삼성경제연구소에서 만든 국정백서로 재벌 위주 경제 정책으로 국정을 운영했다는 것은 웬만한 사람은 다 아는 사실인데 이분만 몰랐다는 것도 이상하다. 훌륭한 책을 집필했음에도 불구하고 이런 잘못된 현실 인식으로 인해 소득 주도 성장을 주도하다가 역풍으로 그들이 재집권에 실패한 하나의 빌미를 제공했다.

맺음말

우리는 지금 영겁의 세월 속에 하나의 점에 불과한 2025년 시간의 터널을 통과하고 있다. 지나가는 시간들은 어느 순간, 찰나에 불과하고 우린 너 나 할 것이 없이 공평하게 한 줌 흙으로 돌아간다.

우리를 둘러싸고 있는 모든 것, 부, 가난, 법률, 규칙, 제도는 지금 이 시대에만 적용된다. 잘 안 풀리는 사람들은 시대를 잘못 타고 난 것일 수도 있다. 나도 다른 시대에 태어났으면 그렇게 오랜 시간 낙오병 신세를 면했을 수도 있다. 삶을 포기하고 무지개다리를 건넌 사람들도 시대를 잘못 탔다. 그러니 자책하지 말고 자신의 몸에 손을 대는 일은 없어야 한다. 당신들 잘못이 아니다.

10년 전 독서모임에서 책을 써 볼 것을 권유했던 홍세화 선생님은 내게 정신적인 양식을 제공해 주셨다. 홍 선생님은 내 책에서 가장 많이 인용한 작가이기도 하다.

이제 대단원의 막을 내릴 시간이 되었다. 운명인가, 팔자인가? 필연인가 아니면 우연인가? 무언가 '보이지 않는 힘'이 나를 여기까지 이끌었다. 내가 다시 일어설 수 있게 믿어 주고 힘이 됐던 정연택 교수, 해병대 친구라서 더 자랑스러운 강경선 교수, 37년 만에 고향을 찾은 탕아를 반갑게 맞아 준 초등학교 동창 황의준에게도 감사 인사를 전한다. 마지막으로 해병대 후배 박정훈 대령에게도 용기를 잃지 말라고 전해 주고 싶다.

[덧붙임]

박정훈 대령은 2023년 여름, 수해 복구 지원 나갔다가 숨진 해병대 채 상병 죽음 규명을 위한 해병대 수사단장이다. 법과 원칙에 따라 수사하다가 보직 해임됐다. 나도 40년 전 포항 해병 1사단에서 항명으로 보직 해임당하고 군 검찰에 들락거렸다. 그때나 지금이나 아직도 위 것들은 우리가 진실과 거짓을 구별도 못 하는 바보인 줄 안다. 법과 원칙에 충실했던 기개를 잃지 않고 잘 견뎌 내기를 바란다. 2년여 남은 것들에게 꿀릴 것 없다. 간부 사관 62기 선배가 응원한다. 악이다 깡이다!

부록: 《세이노의 가르침》이 정답은 아니다.

내가 《세이노의 가르침》을 부록으로 담아낸 이유는 강경선의 '선의로 주었다'라는 얘기를 하기 위해서다.

두 번째는 《세이노의 가르침》을 읽은 사람들이 잘못 오해할 수도 있다는 생각 때문이다. 그의 시대, 아니 우리 시대에는 평균 7~8% 고도성장기이다. 부자가 되는 경우도 많았고 교수 자리도 많이 있었고 취업할 수 있는 기회도 많았다. 노력도 했지만 시기가 좋았다. 먹을 것이 많았고 세이노도 사업 성공으로 부자가 되었다. 나같이 엉성한 사람도 일확천금을 꿈꾸며 사업을 했다.

지금은 성장률이 겨우 1%대라 비집고 들어갈 구멍이 많지 않다. 이 점을 고려하여 《세이노의 가르침》을 읽고 실행해서 결과가 신통치 않더라도 실망할 일은 아니라는 것을 얘기하고 싶었다. 사회에 첫발을 디딘 초년생은 그의 조언이 필요하다. 하지만 그의 글에 대한 전체적인 느낌은 신자유주의 깃발 아래 승리를 독려하는 장군과 같은 모습이었다. 경쟁에서 이기는 노하우를 전수해 주었다. 하지만 지금 이 시대에 정말 필요한 상생과 협력 의제는 보이지 않았다. 성장과 경쟁은 이제 상생과 협력으로 바뀌어야 한다.

그러나 쉬운 것을 어렵게 설명하는 재주를 가진 사람들이 횡설

수설 쓴 자기 계발서나 경제 관련 책보다는 훨씬 알기 쉽다. 세이노에 대해 안 좋은 평가를 했던 모 신문 칼럼처럼 그를 안 좋게 보는 사람도 있다. 그러나 나는 사람들이 《세이노의 가르침》을 읽어 보기를 권한다. 몇 가지 예를 들어 보자.

"금융지식이 많고 투자를 잘해야 부자가 된다고? 너희에게 그런 소리를 하는 사람들이 누군지 아느냐? 그런 책을 써서 돈을 벌려는 사람들이거나 증권 회사나 투자 회사 같은 곳들이다."[49]

100% 동감한다. 누군가 주식으로 돈을 번 것은 투자한 그 회사가 부가가치를 창출한 것보다 누군가의 돈이 나에게 흘러들었을 가능성이 크다. 지금은 성장률 1%의 시대이다. 부가가치를 창출하는 것이 쉽지 않다. 그러니까 주식시장은 어찌 보면 노름판의 판돈과 같다. 판돈을 키우기 위해 무리수를 둔다. 주식시장은 판돈을 노리는 범죄의 온상이다.

"주식시장이 실물경제와 완전히 괴리된, 지금 주식시장은 금융자산을 가진 사람들, 그러니까 거기에 돈을 넣을 수 있는 사람들끼리 벌이는 도박판이나 다름없습니다."[50]

---

49) 세이노, 《세이노의 가르침》, 데이원, 2023, p.354.
50) 장하준 외 5명, 《코로나 사피엔스》, 인플루엔셜, 2020.

산업사회에서 투자는 기술혁신과 생산력 향상을 목표로 했지만 신자유주의, 주주 자본주의 시대의 투자는 주주 이익 극대화를 최고의 가치로 삼는다. 주당 수익률을 높이기 위해서는 임금을 쥐어짠다. 하청 업체에게 줄 돈 역시 쥐어짠다. 그래서 중소기업의 임금은 대기업의 60% 정도다. 청년들이 중소기업을 기피하는 이유다. 이들 하청업체 직원 임금으로 가야 할 돈이 주식 보유자, 주주의 이익을 위해 쓰인다. 안전시설에도 투자를 하지 않아 산업재해로 인한 사망사고가 끊이지 않는다. 이런 회사 주식 보유자는 부도덕한 회사 경영진의 동조자가 되는 것이다. 언젠가 나도 당신도 이런 좀비 회사에 근무하다가 목숨을 잃을 수도 있다.

'더 멍청한 바보 이론'이라는 것이 있다. 어떤 사람이 자본 이득을 위해 투자할 때 자기보다 '더 멍청한 바보'가 나타나서 자기보다 높은 가격에 매입할 투자자, 즉 '더 멍청한 바보'가 있다는 기대에 따라 투자에 나서는 것을 말한다. 그 사람이 구입한 주식이나 부동산 가격보다 더 높은 가격이 사 줄 바보 말이다. 주식이란 다른 사람의 불행을 자신의 행복으로 삼는 인간 착취 도구이다.

"한나라당이나 민주당이나 오십 보 백 보라고 생각된다."[51]

나는 이들이 오십 보 백 보가 아닌, 구십 보 백 보라고 생각한다. 한국 국회의원은 회사원이다. 조정훈 시대전환 의원은 2023년

---

51) 세이노, 《세이노의 가르침》, 데이원, 2023, p.627.

10월 국민의 힘에 입당하기로 했다고 전했다. 더불어민주당 → 시대전환 → 더불어시민당 → 시대전환에서 다시 국민의 힘에 입당했다. 비난이 일자, 조 의원은 "대기업을 나와서 창업한 사람들을 두고 '회사 두 번 바꿨다'고 욕하는 기업인은 없다."라고 했다. 맞다! 지금 정당은 오너와 주주를 위해 일하는 회사이다. '회사 두 번 바꿨다'는 사람을 너무 비난하지 말아야 한다.

민주당 이상민 의원도 국민의 힘으로 옮겼다. 괜찮다, 다 같은 우측 날개, 같은 편이다. 양당 교류가 더 확대되는 것도 괜찮다. 강준만 교수는 "보통 사람의 도덕감정을 고수하면서 정치를 한다는 것은 사실상 거의 불가능하다."라면서 후안무치가 시대정신의 반열에 올랐다고 지적한 바 있다.

세이노는 자신의 "정치색은 회색이라고 하였다." 회색이라는 의미가 민주당이나 한나라당 어느 한쪽을 지지하지 않는다는 의미라면 나도 회색이다. 아니, 나는 진회색이다. 나는 세이노와 다르게 정치에 관심이 많으니까. 관심이 많다고 해서 적극적으로 참여하고 싶다는 의미는 아니다. 나는 녹색당과 노동당에 가입했다. 녹색당은 지역에서 가입해 일 년 정도 모임에 참석했으나 민주당 정체성에 가까운 사람들이 많아 더 이상 참석하지 않았다. 차라리 민주당에 가서 앉아 있지 왜 여기 있나 싶었다.

이때부터 나는 진보진영이라고 사람들과 소수당에 대해, 혹시 이들은 무늬만 진보가 아닐까? 하고 한 번쯤 의심을 한다. 하지만 선거 때가 되면 그래도 이들 소수당에 투표한다. 이들이 투표용지에 안 보이면 무소속에 투표한다.

이 소수당의 공통점은 사람이 들어오고 나가는 것에 대해 지나치게 담담하다. 비록 실패로 끝났지만 나는 '사람이 재산'인 다단계 경험 덕분에 신규 회원이 들어오면 신줏단지 모시듯 했는데 여기는 그런 것이 없다. 날마다 출근하는 담당자가 없어서 그런가 보다 생각했지만 참 이상했다. 지레 포기하는 건가? 왜 그런지 자세한 내용은 알지 못한다.

그래서 나도 처음에 지레 포기했다. 왜냐하면 혹시 이들이 삼성 제품을 쓰고 있거나, 잊힐 만하면 인명 사고가 나는 SPC나 새벽 배송하는 쿠팡을 수시로 이용하면 적잖이 실망할 것 같아 나도 지레 겁을 먹고 활동에 소극적이다. 특히 잠을 자야 하는 새벽에 배송하는 택배원들이 과로, 사고사로 사라지고 있다. 아니면 자살하거나. 이런 회사들이 승승장구한다는 것, 다수 국민이 이들 회사를 이용하는 것에 대해 나는 절망한다.

만약 녹색당원이 일회 용기 배달 음식을 자주 이용하고, 노동당원이 노동자를 노예 취급하는 회사 주식을 보유하고 그 회사 제품과 서비스를 이용한다고 생각하면 배신감은 상당할 것이다. 그래서 머뭇거리는 면도 있다. 세파에 찌들다 보면 이것저것 생각할 여유가 없을지도 모른다는 생각에 이해는 한다. 많은 사람들이 그렇게 살고 있다. 그러나 꼭 '생각 있음'을 가지고 살아야 할 사람이 '생각 없음'으로 살 때는 살짝 배신감이 들 것이다.

"10년 전 프랑스에 머물 때 민주노총 활동가와 프랑스 SUD 노조 활동가와 만났을 때 일이다. 민주노총 활동가가 삼성의 무노조 원칙이 관철되고 있다는 얘기를 하면서 한국 노동운동의 어려움을 피력했을 때 SUD 노조의 활동가는 대뜸 이렇게 물었다. '민주노총 조합원들이 삼성 제품을 구매하나요?' 나는 민주노총의 활동가처럼 아무 대답을 할 수 없었다. 강성이라는 민주노총의 조합원들도 일상을 지배하는 정체성은 노동자가 아니라 소시민이며, 소비자, 고객으로서 자본가 편이다."[52]

"경제가 어려웠을 때 유럽은 근로자 수를 줄이기보다는 근로시간을 줄여 전체 근로자를 껴안는 휴머니즘을 실천했다. 이에 비해 미국은 냉혹하게 근로자 수를 줄였다. 세월이 지나자 그 유럽 기업들의 상당수가 미국 기업들에게 넘어갔다."[53]

유럽에서 근로자 수를 줄이지 않고 근로시간을 줄여 고용 충격을 줄여서 불황을 이겨 냈다는 얘기는 들어 봤지만, 이런 이유로 많은 유럽 기업이 미국으로 넘어갔다는 내용은 처음 듣는 말이다.

---

52) 홍세화, 《생각의 좌표》, 한겨레출판사, 2009.
53) 세이노, 《세이노의 가르침》, 데이원, 2023, p.645.

"부동산에 빨리 눈을 떠라."[54]

나는 정말 이것만은 권하고 싶지 않다. 누군가 부동산으로 돈을 번다는 것은 누군가는 대가를 지불해야 한다는 것을 의미한다. 부동산은 제로섬 게임이다. 토지는 유한재다. 아파트도 무한정 공급이 가능하지 않다. 아파트는 공급 경직성으로 인해 마트 상품처럼 아무 때고 살 수 있는 상품이 아니다. 투기로 번 돈은 주로 넉넉지 않은 MZ세대 주머니에서 나온다.

우리나라 부자들 상위 1%가 55%, 상위 10%가 우리나라 부동산 96%를 가지고 있다. '부동산에 눈을 떠라'보다 이 부동산 공화국에서 함께 살아갈 방법을 찾아야 한다. 만약 부동산에 눈을 떠서 성공해서 부동산 부자 상위 10%에 들어가면 행복할까? 그보다는 '부동산 불평등을 해소하고 상생할 수 있는 방법이 없을까?'를 고민해야 한다. 혼자 잘살면 뭐 할 겨?

"최근에 교육감 선거 관련하여 '선의로 2억을 주었다'는 말이 언론에 계속 등장하는 것을 보면서 이 글이 쓰고 싶어졌다. 선의라는 것은 개인적인 이익이나 이해를 조금도 고려하지 않고 오로지 상대방만을 위한 뜻을 갖고 있는 것을 의미한다고 할 것이다."[55]

---

54) 세이노, 《세이노의 가르침》, 데이원, 2023, p.707.
55) 세이노, 《세이노의 가르침》, 데이원, 2023, p.622.

나는 세이노가 말한 이 말의 주인공, 강경선의 친구이다. 나도 세이노 이 글을 보고 '강경선은 선의로 이 돈을 전달했다'는 얘기를 하고 싶었다. 강경선과 그의 동료 곽노현 교육감이 선거법상 법적 시효가 완료된 상황에서 경제적으로 곤경에 빠진 상대방 후보에게 돈을 전달하는 과정에서 일어난 일이다.

세이노는 "선의란 개인적인 이익이나 이해를 조금도 고려하지 않고 오로지 상대방을 위한 뜻을 갖고 있는 것을 의미한다고 할 것이다."라고 말했다. 맞다! 강경선은 '상대방을 위한 뜻'을 가지고 돈을 전달했다. 자신이나 곽노현을 위해 이런 심부름을 하지 않았다. 그러니까 선의가 맞다. 더구나 법적 시효가 완료된 후에 일어난 일이다. 하지만 검찰은 대가성이 있다고 이름도 이상한 '사후매수죄'로 걸었다.

강경선의 정신세계는 세속적인 잣대로 평가해서는 이해가 안 되는 인물이다. 대법원에서 무죄 판결이 났지만 세간의 오해가 100% 사라진 것은 아니다. 이 오해들 가운데 세이노도 합류했다. 세이노도 희귀한 존재임에 틀림없다. 5천만 명에 한 명 나올까 말까? 마찬가지로 강경선도 보통 사람은 아니다. 세이노뿐만 아니라 다른 사람들도 돈을 대가가 아닌 선의로 주었다는 말을 믿지 않을 것이다. 다들 강경선을 잘 모르니까.

나는 절박하게, 살아남는 것이 목표인 해병대 훈련소 시절부터 그를 지켜본 몇 안 되는 사람이다. 그 사건에 대해서 "그가 선의로 그 돈을 전달했다."라는 강경선의 말이 사실이었다고 믿는다. 그는 임관 후 해병대 근무할 때부터 다른 사람과 달랐다. 그가 다른 사람과 다른 점은 여러 가지가 있지만 결혼도 보통 사람들과 달랐다. 처음에 포항 처녀와 가볍게 만남이 이루어졌지만 만난 지 불과 몇 개월 후 운명처럼 결혼했다. 결혼식 전날 동기 정연택과 함께 나는 들러리 노릇을 할 정도로 그와 가까이 있었다.

얼마 전 통화에서도 그는 자신이 팔불출임을 고백했다. 아직도 부인과 결혼한 것이 너무 행운이었고 지금도 너무 만족스러운 결혼 생활을 하고 있다고 한껏 자랑했다. 이 고백도 나에게는 특별했다. 다들 우리 나이가 되면 그냥 친구처럼 산다고 하는 데 내 지인 중 아직도 자기 부인을 사랑하고 만족한다는 것을 입 밖에 낸 사람은 강경선이 처음이었다.

아무튼, 서울대 법대와 대학원 출신 청년이 평범한 포항 처녀와 결혼을 한다는 것은 돈과 명예에 목매달고 있는 한국 사람들에게 흔한 일은 아니다. 법조인들은 오죽할까? 다들 의사 아니면 뭐 그렇고 그런 사람들과 결혼하지 않는가? 그래서 그는 일반적이지 않았다. 일반적이지 않은 사람에게 일반적인 잣대를 들이대면 오류가 생긴다.

2011년 9월 2일 한 일간지는 강경선이 곽노현 교육감 부탁으로

"대가성이 있는 돈 심부름했다는 사실을 시인했다."라고 거짓 기사를 내보냈다. 기자가 소설을 썼다. 그러나 그 신문은 불과 1년이 채 안 된 2012년 6월 9 일자 정정 보도를 내지 않으면 안 되었다. 2012년 6월 5일 자로 법원에서 정정보도 결정 판결이 나왔기 때문이다. '소설이 아닌 기사를 쓰라'는 판결이다.

조중동은 4류라고 말했지만 이 소설을 쓴 일간지는 4류이자 동시에 사死류이다. 없어져야 할 신문이다. 출판사로 전업하시든가. 다음에는 강경선의 동생이 천정배 의원에게 보낸 편지를 소개한다. 강경선 동생이나 우리 동기생들이 보는 강경선의 모습은 똑같다. 강경선은 정말 특이한 사람이다. 그래서 소개한다.

내가 본 곽노현 교육감과 강경선 교수
- 정치나 실리보다는 '인정'에 더 끌리는 바보들

천 의원님께.

저는 강경선 교수 동생이고 언론사 기자를 하고 있습니다. 우리 신문에는 개인적으로 기사를 쓸 수 없어 천 의원님께 참조하시라고 보내 드립니다. 천 의원님은 제 부친상 때 한 번 뵈었습니다.

세상엔 보편적 가치관이나 일반 상식과는 다른 방식으로 살아가는 사람들이 간혹 있다. 곽노현 서울시 교육감과 그의 동료 교수이자 30년 친구인 강경선 교수는 그런 범주에 속하는 사람들 중의 하나일 것이다. 며칠 전 곽노현 교육감이 박명기 전 후보에게 2억 원이라는 거액의 돈을 건네줬다는 보도를 보고 경악을 금치 못했다. 게다가 그 돈을 전해 준 사람이 바로 내 셋째 형인 강 교수라는 소식에 망연자실할 수밖에 없었다.

"이런 어리석은 사람들 같으니… 정말 세상 물정이나 정치를 몰라도 너무 모르는 병신들." 입에서는 절로 탄식과 욕설만 나올 뿐이었다. 그 후 곽 교육감의 발언과 태도, 그리고 형이 밝힌 검찰에서의 진술 등을 통해 어느 정도 수긍이 가는 부분들이 있었다. 세인들은 이해할 수 없겠지만 그들이 살아온 인생관과 철학을 회상해 보면 충분히 납득할 만한 것들이었다. 1978년 서울법대를 거쳐 대학원을 마친 형은 군 입대를 준비하고 있었다. 형은 지도교수가 마련해 준 해군사관학교 법학 교수직을 마다하고 해병대 장교로 자원입대했다. 집에서는 왜 편하고 좋은 자리를 박차고 힘든 길을 가냐고 부모들이 야단을 쳤지만 고집을 꺾지 못했다.

해군, 해병대, 한미연합사 정보 장교로서 5년간의 군 복무를 마치고 형은 서울대 부설 한국 방송통신대 법학과 전임강사로 부임했다. 그 후 서울대 총장과 국무총리가 된 당시 지도 교수를 통해 교수라면 누구나 탐을 내는 서울법대 교수로 오라는 제안을 받았다. 형이 거절하자 1년 뒤 이번엔 비서를 직접 집에 보내 같은 제안을 했다. 하지만 방송통신대학은 서민들을 위한 평생 대학이고 우수한 교수들이 좋은 직장을 찾아 떠나면 이 학교는 언젠가 문을 닫게 될 것이라며 총장의 제의를 정중히 사양했다.

1980년대 중반 형은 나름대로 훌륭한 인재들을 기용하기 위해 노력하던 중 유펜(유니버시티 오브 펜실베니아) 대학을 마치고 돌아온 대학 친구인 곽노현 씨에게 방송통신대학 법학부를 키워 나가자고 제안했고 곽 교육감도 이를 흔쾌히 수락해 지난해까지 두 사람은 함께 방송통신대 교수로 활동했다.

형은 학교에서 적잖은 월급과 출간된 저서들을 통해 상당한 인세를 받고 있었지만 늘 가난했다. 어머니가 돌아가신 뒤 줄곧 형 집에서 기거하던 나는 왜 형이 늘 돈 여유가 없는지 이해할 수 없었다. 집도 부천으로 옮겼다. 그러다가 우연히 집에 날아든 편지들을 보고 그 이유를 알게 됐다. 보육원과 고아원 등에서 보내온 편지를 뜯어 보니 형은 몇 명의 아이들에게 학비를 대 주고 있었다. 함께 사는 내게도 전혀 내색조차 하지 않아 나도 모르고 있던 사실들이었다.

(중략)

자살의 상황까지 몰리게 된 박 후보에게 인도주의적 입장에서 돈을 줬다면 다소 어리석고 세련되지 못한 감은 있지만 세상에서 보기 힘든 정말 선량한 일을 했다 칭찬해야 할 것이라고.

신념을 위해서라면 돈은 그다지 중요치 않다고 여기는 사람들이다. 돈이 세상을 지배하는 시대에 돈을 지배하며 살아가는 몇 안 되는 괴짜들이다. 한번은 이런 일도 있었다. "나는 전북 이리에 사는 사람인데 교회를 지으려 한다. 교회 부지는 내 농지를 내놓을 생각인데 건축 비용이 없으니 돈을 줄 수 없겠느냐."라고 한 생면부지의 사람이 형에게 부탁하자 형은 고심 끝에 은행에 가서 마이너스 통장에서 수백만 원을 인출해 그 사람에게 아무것도 묻지 않고 그냥 줘서 보냈다는 것이다. 그 사람은 대형교회에 가서 청을 했지만 고작 받은 게 30만 원이었다고 했다. 이 얘기는 형수를 통해 내가 전해 들은 것이었다. 그 후 내가 그 사람이 누군 줄 알고 그 큰돈을 줬냐고 묻자 형은 그 사람이 하나님이 보내신 천사일지 몰라서 줬다고 웃으면서 내게 말했다.

곽 교육감이 정의와 법, 도덕에 철저한 "강 교수가 떳떳하지 못한 돈이었다면 그것을 전달했겠느냐."라고 말한 것은 내가 보기에도 한 치의 어긋남도 없는 진실이라 확신한다. 형이 어렸을 적 내게 가르쳐 준 말이 생각난다. 도산 안창호 선생의 말을 빌려 "거짓말은 장난이더라도 하면 안 된다. 자칫 습관이 될 수 있기 때문이다."

LA에서 강일선